お店やろうよ! ⑮

はじめての「お宿」オープンBOOK

技術評論社

はじめに

お客さまが訪れたい宿をつくる

ホテル、旅館、民宿、ペンション、ゲストハウス、オーベルジュ……宿といってもさまざまな名称があります。

そして、お客さまの目的は宿泊に限らず、おいしい食事が目当ての日帰り旅行であったり、家族やカップルでの長期滞在、ときにはビジネスや旅の途中のコミュニケーションをとる機能的な場だったりもします。

本書では、居心地の良さや主人の個性が生かされた、遠方からでも訪ねてみたくなる宿のつくり方を考えてみました。たとえ規模は小さくても、細やかなサービスともてなし、充実した時間を提供できれば、何度でもお客さまはやって来てくれるでしょう。大型宿泊施設にはできないこと。小さな宿ならではの醍醐味が、きっとあるはずなのです。

サービスや価格競争が激化している昨今、お客さまの見る目も厳しくなり、工夫のない食事やお風呂では満足してもらえるはずがありません。主人や女将、従業員の顔がサービスで伝わるよう、心のこもった宿づくりが重要でしょう。

そこで、店舗経営や旅行業界の常識についても知っておきたいところです。どんな商売でも集客のための努力は欠かせず、とくに宿は初期投資にお金がかかる事業でもあり、客離れ（失客）を起こさない工夫が欠かせません。

また、インテリアや家具、アメニティひとつにも上質感をもたせるセンス、農業体験やものづくり、アウトドアや癒しといった体験プログラムなど、さまざまなオプションを設ける宿も増えています。お客さまを客室に閉じこめるのではなく、庭や館内を歩く楽しみを演出する設計デザインなども、充実した滞在となることでしょう。

宿をつくる際は、どこにお金をかけるか？　何を特徴とするのか？　を考えるべきです。設備であれば「風呂」「客室のインテリア」など開業資金を1カ所に集中させる方法もあるのですから。

立地条件が悪くても1年先まで予約がいっぱいという隠れ宿もあります。一方で、1軒の宿ではできないことを地域の協力で魅力を出し、エリア全体での収益性の向上を実現しているケースもあります。

もう一度来たくなる、誰かに語りたくなる宿とは、どんなものなのかを日本全国の実例を見ながら考えてみましょう。

Contents

第3章

「食」とおもてなし

お客さまの満足度を高めるのは〈個別対応〉

第4章

空間&インテリア

「客室」「動線」「露天風呂」……宿の〈見せ場〉を考える

第5章

集客・リピート&稼働率を高めるために

開業準備・情報発信

COLUMN

各宿泊施設の料金など、本書でとりあげたデータはすべて、2008年6月1日現在のものです。

第1章

小さな宿ならではの心づくし

海へ、山へ！五感で味わうにっぽんの宿

季節の変化に恵まれた日本は、1年を通して海や山の観光や温泉など、
さまざまな旅の楽しみ方があります。

そして、お客さまの旅の思い出をより印象深くするには、おいしい食事やお風呂、眺望などとともに、
何かひとつでも特徴のある宿づくりが、最高のおもてなしになるのです。そのヒントを見つけるべく、
東京から特急踊り子号で3時間ほどの伊豆下田、女性オーナーの癒しの宿から沖縄の美しいビーチにある
リゾートペンション、猪苗代湖畔や信州・山すそのログハウス……
さらには、のどかな房総の里山や、京都・山懐の宿まで足を延ばしてみました。

ビーチリゾート

第二の人生は、東京を離れ南の島で宿のオーナーに

＊沖縄県今帰仁村＊オルッサの宿 マチャン・マチャン

早期退職して沖縄へ移住、そして宿の経営。オーナー夫婦が見つけたのは楽園だった。

土地との出会いと縁がすべてのはじまり

沖縄の言葉で「サンゴの浜」という意味をもつウッパマビーチが目前に広がり、彼方に古宇利島を一望できるという最高のロケーション。「この土地に運命を感じました」という江本きよみさんの直感こそ、宿成功の大きな要因だろう。

東京の損害保険会社に30年間勤務していた江本明さんは、52歳で早期退職を決意。その後は、仕事一筋でなかなか優先できなかった夫婦の時間を楽しんでいた。

「遊ぶのもひと段落したころ、老後のことが頭をよぎった。そろそろ心機一転、家を購入するか、何か事業をはじめようかと。でも宿をやろうなんて頭になかったし、沖縄にも興味はありませんでした」

そんな明さんとは正反対に、「夫婦で何かをはじめるなら宿がいい。できれば沖縄でいい場所を見つけた

オープンテラスのカフェで、風を感じながらの朝食も楽しめる。

客室はすべて琉球畳の8畳・和室。天井が高く、開口部も全面開放できる。

ダイニング、厨房、オーナーの住居スペースのある受付棟。

い」と、密かに思っていたというきよみさん。夢の実現に向けて、まずは夫婦で沖縄旅行を計画。手つかずの自然が残る本部半島を旅するうちに、明さんもいつしか沖縄の虜になった。

「1人で行った2度目の沖縄から戻った妻から、沖縄で宿を経営したいと打ち明けられました。色々考えることもありましたが、とりあえず土地を見に行こうと。本音をいえば、そう簡単に場所なんか見つかりっこないから、一度一緒に行けば妻も諦めるんじゃないかな、という気持ちでした」

しかし、そんな明さんの気持ちを吹き飛ばすかのように、旅の数日目には300坪の沖縄の土地が江本夫妻のものとなる。

「以前の旅で気に入った、本部半島の北部付近で土地があればと思っていました。何のつてもないので、地元の不動産会社にうかがったら、たまたま数日前にこの場所が売りに

地元産の新鮮なおいしい食材を仕入れ、お客さまに安心して食べてもらう。

リゾートらしいダイニングからは、山側の眺めも楽しめる。

地元農家が丹精した
野菜中心のヘルシーな朝食

朝食は黒米のご飯に、野菜を中心とする小皿がいくつか。

ピーナッツの豆腐ジーマミーの下準備をする、妻・きよみさん。ほとんどのものが手づくり。

出されていて。そのまま見に行って即決。たまたま居合わせた売主さんからすぐに購入しました」

土地購入からわずか1年猛スピードでの宿開業

2004年の10月に土地を購入し、06年の1月に宿をオープンするまでは、猛スピードで計画が運ぶ。土地購入の翌月に沖縄へ移住。12月には設計士との話し合いがはじまっていた。

「土地を買ったのだから、やるしかないと。でも最初のうちは、素人が宿をやったってお客さんが来るわけないって思っていました。家は購入するつもりだったから、それが沖縄でもいいかな、というぐらいで」

建物の設計は、近所を見て回り、自分たちが気に入った住宅を手掛けた設計事務所に依頼。本土と違い、沖縄には台風などの厳しい気象条件や、カビやシロアリなど特有の

お宿づくりのワザを学べ！

＊エージェント契約はどのように結んだの？

現在、旅行情報サイト「楽天トラベル」と「南海国際旅行社」とのエージェント契約を結んでいる。楽天は、オープンの半年後ぐらいにホームページを通して自分で申し込みを行ったが、諸事情により一時休止。2008年に再開した。申し込み金などは不要で、楽天のサイトを通して予約が入り、実際に宿泊があった場合、斡旋手数料を支払うというもので、小規模な宿の場合、負担になりかねないので注意が必要だ。

南海国際旅行社は07年の10月ごろ、営業マンとの出会いをきっかけに契約。こちらは契約料も斡旋手数料も不要。お客さまから旅行社に申し込みがあり、空室がある場合は予約を代行するというもの。沖縄の宿泊予約は圧倒的にインターネットを通じてのお客さまが多く、大手の旅行情報サイトはもちろん、宿が開設したホームページなども予約確保には欠かせないツールとなっている。

＊地元とのつながりはどのようにしているの？

集落から離れた立地でもあり、地元の行事に積極的に参加することはないが、野菜類は近所の農家から、沖縄のブランド豚アグーは県北部の知り合いの牧場から配達してもらうなど、仕入れの面で地元とは大いに関わっている。ほかにも、若いアーティストやショップに、宿を飾るシーサーや器などをつくってもらったり、マリンスポーツのアクティビティー案内などをお願いしている。

沖縄で宿を開く以上、宿泊客はそこに沖縄らしさを求めてくるもの。移住者であるからこそ、こうした地元の人たちとの関わりを上手に利用することが重要。お客さまに有意義な滞在時間を提供するとともに、宿の特色にもなるポイントだ。

＊家族のプライバシーの確保は？

宿の営業は、朝から晩まではっきりした区切りがないため、プライベートの時間が失われがち。「マチャン・マチャン」のように、自宅が併設されている場合はなおさらだ。オーナーの江本さんは週に2回、あるいは月に8日程度は、予約状況を見計らって休みを確保するという。また、オープンから1年半は毎朝食・夕食を提供していたが、現在は夕食を火・木・土・日曜の予約が入ったときのみ用意している（2,000円）。

これによって、体力的にも精神的にも少しゆとりが出たという江本さん。忙しいときは仕方がないとはいえ、癒しを求めて訪れた宿で、オーナーが疲れていたり、ピリピリしているのは大きなマイナス。接客に余裕がもてるような時間管理や、ムリなくプライベートを確保すること——これらが宿を長く続けるとともに、その宿の雰囲気を形成する重要なカギをも握っている。

＊開業資金の内訳

建築費	約32,000,000円
備品・什器費など	約4,000,000円
運転資金	約4,000,000円
合計	約40,000,000円

宿に点在するオリジナルデザインのシーサーは、どこかユーモラス。

HISTORY

2001年3月
江本明さんが東京の会社を早期退職。4月には夫婦で沖縄旅行に。

2004年6月
妻・きよみさんが密かに土地を探しに再び沖縄へ。

2004年10月
夫婦で土地探しのため沖縄へ。数日後、土地取得・購入。仮住まいの賃貸マンションを、近隣の名護市で契約。

2004年11月
沖縄に移住。12月、設計士との打ち合わせを開始する。

2005年5月
建築工事が着工する。10月、建物完成。

2006年1月
オープン。

本部半島北部の観光スポット、古宇利島を対岸に望むことができる。

アクセス：那覇空港から沖縄自動車道許田IC〜国道58号経由で約1時間30分

2000年に世界遺産に登録された今帰仁城跡。その大きさは首里城にも匹敵するといわれる。

白い砂浜が1キロにも及ぶウッパマビーチ。海水浴はもちろんマリンスポーツやキャンプも楽しめる。

問題も多々ある。建築にあたり、沖縄式の流儀も無視できない。沖縄にゆかりのない移住者の江本夫妻は、このような点も考慮して、建築一切を地元の設計士に任せた。

「地元の方は土地や気象条件のことも熟知しているから、私たちが思いもつかない提案をしてくれた。湿気対策に風の通る道を考慮しながら、海を見渡せてゆったりとしたつくりにしたいという希望も叶いました。ただ、当初1500万円ぐらいの自己資金内でと考えていたのですが、結局当初の倍以上の金額になり、銀行から融資を受けることに」

「気構えをせずにゆっくり宿と一緒に成長したい」

建物ができる間、ダイビングをしたり、宿で使う家具や器を見に行ったのが、唯一の開業の準備だという江本夫妻。はじめての自営業にもあまり不安はなかったという。

Rooms & Location
宿のつくりと立地環境

心地よい風の通り抜ける全室がオーシャンビュー

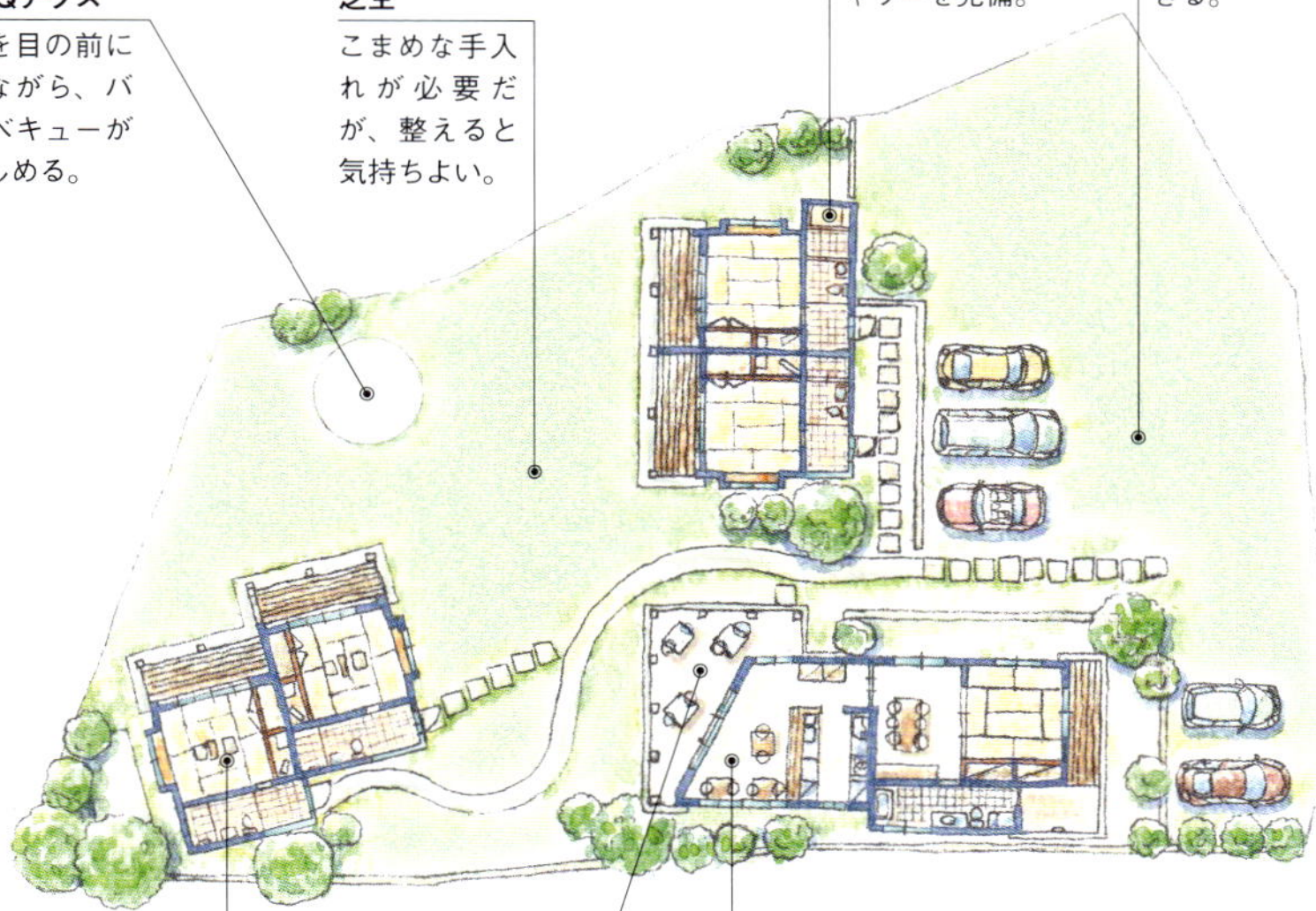

BBQテラス
海を目の前にしながら、バーベキューが楽しめる。

芝生
こまめな手入れが必要だが、整えると気持ちよい。

浴室
浴室付きは1室のみ。ほかの客室にはシャワーを完備。

駐車場
お客さま用の駐車場には5台まで収容できる。

客室棟
すべての部屋が海に向く。周囲はサトウキビ畑が広がる。

オープンカフェ
周囲より少し高くなっていて、ここからも海が見える。

ダイニング
夕食は決まった曜日だけに用意。

—POINT
海側の眺望が開けるように、中央をオープンな空間に。カフェから海が見えるのもいい。

沖縄らしい自然と眺めを楽しめるロケーションを生かす宿に

沖縄で人気の宿になるための必須条件であり、土地探しで優先すべきはロケーション。自然に囲まれ海が見えるという条件をクリアしている宿は、リゾート客にとって貴重な存在だ。

「マチャンマチャン」も、立地環境を生かした建物の配置が特徴。門をくぐって正面に海を見渡せるアプローチを配し、土地の中央部を贅沢に空けることで、宿全体に開放感をもたらしている。また受付棟の土地を一段高くし、食事をしながら海を眺められるのはもちろん、敷地全体を見下ろせるのも宿泊客に好評。すべての客室から海が見え、こちらもロケーションを存分に堪能できる配慮がなされている。

宿の周辺では車で30分圏内に、「今帰仁城跡」「ちゅら海水族館」「備瀬のフクギ並木」「古宇利島&古宇利大橋」など、本島北部を代表する観光スポットが多数あり、観光客には便利。もちろん、目前にあるウッパマビーチをはじめ、美しいビーチが多い。マリンスポーツを楽しみたい人にも格好のスポットとして利用されている。

The Guest Room

*図解でわかる人気のヒミツ

白い壁に赤い花と芝生、青い空＆海がよく映える

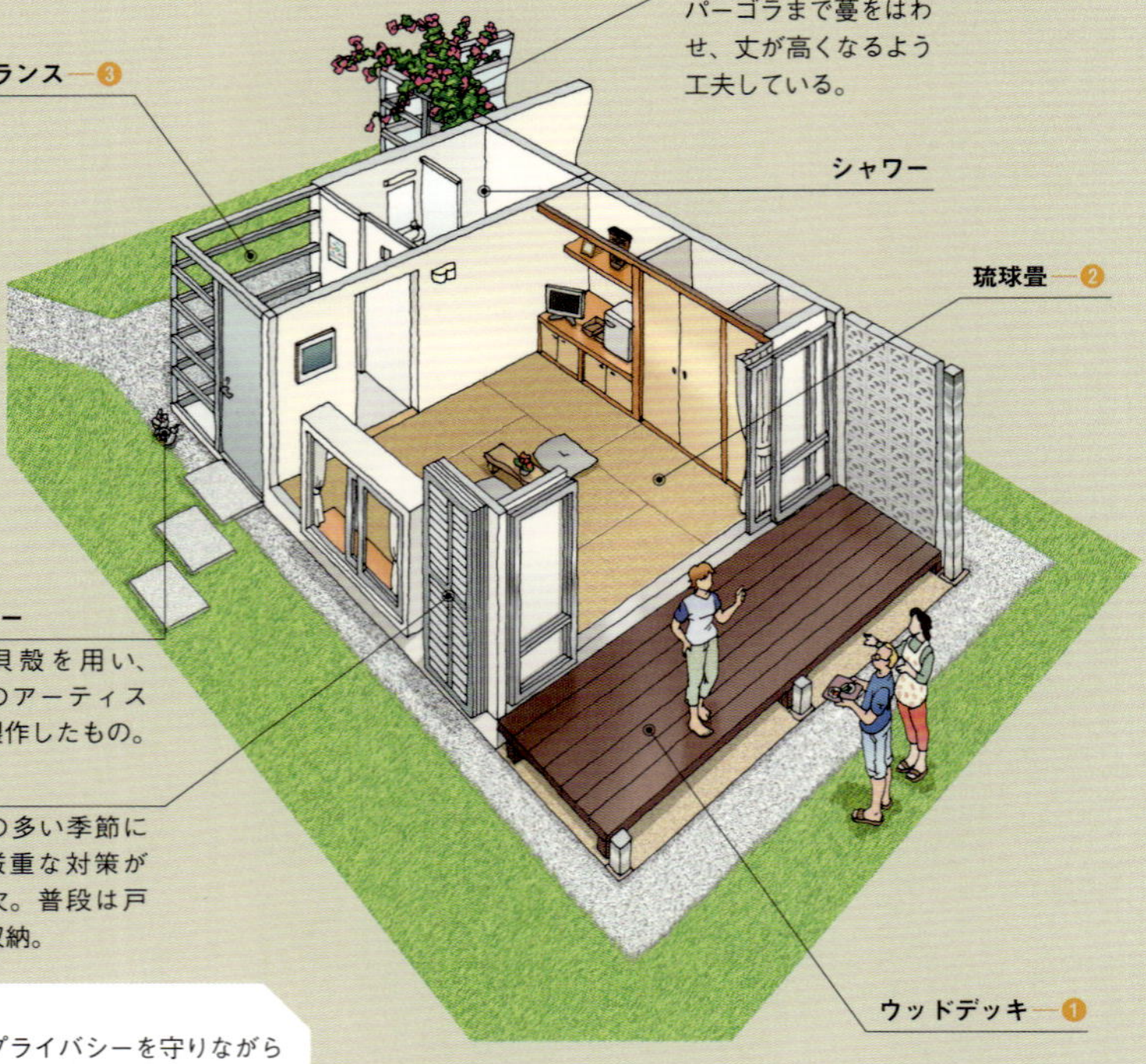

ブーゲンビリア
パーゴラまで蔓をはわせ、丈が高くなるよう工夫している。
エントランス—3
シャワー
琉球畳—2
シーサー
瓦や貝殻を用い、地元のアーティストが製作したもの。
雨戸
台風の多い季節には、厳重な対策が不可欠。普段は戸袋に収納。
ウッドデッキ—1

—POINT
全室のプライバシーを守りながらも、シンプルで風通しのよい開放的な雰囲気に。

客室数は2人の手が行き届く範囲の4棟に。「ムリして働く気はなく、老後食べていけるだけの収入があればいい」と宣伝は一切していないが、口コミで人気が高まっている。

「お客さんには、私たちが沖縄で遊んでみて楽しかったことを、それぞれに味わって満足してもらいたい」

——そんな肩の力がぬけた雰囲気と、最高のロケーションに魅かれてか、宿は大盛況。

「稼働率は80％ぐらい。夏のシーズン中は、ほぼ100％。開業前は、3年で1000人泊ぐらいが目標だったのですが、昨年1年で1400人泊の利用がありました……。でも、これからが重要。心の底から楽しんでもらって、リピーターが増えてはじめて、〈いい宿〉だと思うので、自分たちのペースで、お客さんと一緒に楽しみながら頑張っていきたいですね」

*Owner's Choice

自分たちが本当にいいと納得したものを ムリしないでお客さまに提供したい

　移住前から、からだに良い食べ物や、ボディケア製品にこだわっていたというオーナー夫妻にとって、「自分たちがいいと思うものを、お客さんにも提供したい」というのが、この宿最大のテーマ。

　料理に使用する野菜は、採れたてで新鮮な旬のものを農家から配達してもらうほか、「できる限りのものを手づくりする」のが、妻・きよみさんのポリシー。たとえば沖縄料理の代表格、ピーナッツの豆腐ジーマミーなども、ピーナッツの皮を1つひとつ手で剥いている。

　そのほか、宿泊客が使用するアメニティも厳選。シャンプーやリンスは、自然界に存在する有用微生物群（EM）を使用したもの。これらの細やかな心配りこそが、この宿の大きな魅力を生み出している。

「でも、ムリしたことは絶対にうまくいかない。臆病になりすぎるのも考えものですが、やるからには一歩踏み出す大胆さも、ときには必要。じっくり腰を据えて、夫婦や仲間であっても、互いを思いやり協力することも大切だと思います」

有用微生物群（EM）を使用したシャンプー、リンス、ボディソープを用意。

❶広々としたウッドデッキから海を臨む。のんびり昼寝をしたり、ビール片手にぼーっと過ごしたりが人気。

❷「宿へ着いたら、まずはゴロンと横になりたい」というのがオーナーのこだわり。琉球畳が懐かしい雰囲気を醸し出す。

❸明るい南国の太陽光を存分に採り入れられるようにと、入り口はガラス張りに。これにより客室全体に開放感も。

*DATA

オルッサの宿 マチャン・マチャン

住所／沖縄県国頭郡
　　今帰仁村渡喜仁387
TEL／0980-56-5207
客室数／4棟
IN／16:00　OUT／10:00
定休日／なし（月2回ほど。不定休）
料金／8,000円（1泊朝食付1名分。浴室付は大人8,500円）
付帯施設／駐車場5台
URL／http://www.machan.jp/

オーナーからのメッセージ

宿の経営面について、自己資金内ではじめることが大切だと感じています。借金があると、ついやりたくないことにも手を出してしまうし、PRにも必死さや商売っ気が出てしまう。お客さんは敏感だから、それが前面に出てくると、長続きしないのではないかと思います。

「離れ」と露天風呂

おいしい野菜と昔ながらの田園風景 疲れた人たちを癒す「ふるさと」に開業

＊千葉県大多喜町＊広丞庵かのか

客室露天風呂でゆったりと流れる時を味わう。目の前の風景にただ癒されていく。

落ち込んでいる人を元気にしたい

里山と呼ぶに相応しい、広がる田園と奥深い緑。山岸廣行さんと妻・豊乃さんの夫婦で経営する1日3組限定の宿「かのか」から臨む、どこか懐かしく心癒される風景だ。

場所は都心から車で2時間半ほどの千葉県大多喜町。工務店を営む廣行さんの実家も宿のすぐ近くにある。父親のあとを継いで経営を行っていたが、宿をはじめてからは弟に引き継いだ。

「かのか」の土地は、たまたま用事で近くに訪れたとき覗いたもので、荒地だったが美しい風景に心を奪われた。その後一緒に訪れた豊乃さんも土地を気に入り購入することにした。

「そのころ、夫婦2人とも精神的に落ち込むことがあったのですが、この場所の、のどかな雰囲気や景色に不思議と心が癒されました。ここに

客室ではくつろいでいただけるよう、作務衣と足袋を用意。品の良い色づかいにセンスを感じさせる。

エントランスには囲炉裏を置き、お客さまがひと息つけるスペースをつくった。受付もここで行う。

シックな外観が落ち着きを与える、離れの客室。外壁にも3室が異なる塗装を施し、工夫を凝らした。

友人やほかの人を呼びたい、同じように気持ちが沈んでいる人に来てもらいたいね、と2人で話していて、それなら泊まってもらえる施設にしたらどうだろうと」

そんな夫婦の素朴な思いが、宿の開業へと夢をつないだ。

しかし、オープンに至るまでの道のりは思った以上に長く、厳しいものになった。

強い意志で乗り越えた銀行回りの日々

宿の建設にあたっては、前職の経験やルートを生かし、資材など必要なものはすべて自分たちでそろえられた。「土地は荒地だったので、草刈からはじめて、2人で少しずつ整地を行いました」（廣行さん）。協力してくれる仲間や友人も多く、豊乃さんは知り合いの炭火焼専門店で修業を兼ねて働かせてもらうことに。その間にも廣行さんは開業

房総の海で獲れた新鮮なアワビは、引き締まった身がほど良い歯ごたえ。地酒とともに楽しみたい。

勝浦や鴨川から直送される新鮮な魚、アワビやエビ。野菜もそのまま焼くことでうまみを逃さない。（実際はそれぞれを順番に焼いていく）

炭火は加減が難しく、山岸さん夫婦が焼いてくれる。焼き具合を確かめながら丹念に焼く。

素材の旨みを炭火で引き出し 旬の食材を丸ごと食す

人気のタケノコはアルミホイルに包んでじっくり焼いていく。やわらかく、ジューシーな味わいで、香りも良い。

に向けた準備に追われるが、何よりも悩まされたのが資金の調達。その融資先だったと話す。

「期待していた国民金融公庫に断られ、その後銀行を回りましたがどこもダメでした。経験のなさに加え、立地環境も不安材料と見なされたようで、そこで宿など開業して人を呼べるのか、やっていけるのかと指摘されました」

気持ちとしても追い込まれていたものの、あきらめるつもりは一切なかった。ほかに方法はまだあるはず、と可能性を考えていたという。

「中小企業診断士に相談したりもしながら、千葉県内の銀行はほぼ回りました。あとはもう都内の銀行に行くしかないというところで、銀行の融資と申請していた県の新規創業融資が下りることが決定したんです。創業融資も窓口が銀行だったのでお願いすることができました」

お宿づくりのワザを学べ！

＊1日3組限定にした理由は？

「1日3組、離れの客室」という宿に、お客さまが何を求めて訪れるかを考えることは重要だ。「かのか」でどこか隔離されたような非日常感を味わえるのは"プライベート感"の演出にあるといえる。

かのかの客層は20〜50代と幅広く、関東、それも同じ千葉県内からもお客さまが訪れるという。オン・オフシーズンに関係なく満室が続くなど、人気のほどを窺わせるが、1日3組としたのは夫婦2人の経営という理由から。

「夫婦2人でおもてなしするには3組が限界でしたし、敷地の広さとしても3室くらいがちょうど良かったので、離れの宿・1日3組限定ということにしました」

＊宿の演出はどんな風に考えた？

国道から外れた小道に入り、田園風景を横に見ながら林に沿って進んでいくと、その先に「かのか」の大きな木の看板が見えてくる。町道だというこの小道はもちろん自然の演出だが、こうした道のりは訪れる者にとって隠れ宿に向かう期待感を高める。

迎えるお客さまの気持ちを裏切らないようにするためには、やはり宿の演出は重要だ。「かのか」は、ふるさとのイメージを表現するために古民家風にしたいと思っていたが、古材はコストがかかる。そこで、新材を焦がす、色を塗るなど古く見せる工夫を行い、見事に全体を古民家のイメージに仕上げた。また、打ちっぱなしの土間を黒く見せるために炭を混ぜるなど、さまざまなアイデアも。

「工務店時代の知り合いや仲間に協力してもらえたので、あれこれと意見やアドバイスを聞いて変更したりということも多くありました」

たとえイメージが明確にあっても、実際の工事がはじまると状況によっては変更や妥協も必要になってくるもの。1人で無理にこだわりを貫こうとするよりも、臨機応変な対応を心がけたという。

また、自然の温もりを随所に加えることで、心地よい安らぎの演出も行う。離れの客室には天井部分、壁などにケヤキを配して大多喜のイメージを表現。同じく、美しい木目のケヤキの一枚板のテーブルを置き、全体に統一感をもたせた。

今後は、開業当初に手の回らなかった宿の周りを整備したいと考えている。

「お客さまが、宿の周囲をちょっと散歩できるような小道をつくれたらと思っています」

人を楽しませるためには、オーナー自身も楽しみながら宿づくりを行っていくことがコツだ。

＊開業資金の内訳

土地・建物	68,000,000円
設備工事費	12,000,000円
備品リース費	3,500,000円
運転資金	6,500,000円
合計	90,000,000円

宿の入り口を示す木の看板。ここからはまだ建物の全貌は見えない。

HISTORY

2003年6月
夫婦で宿の開業を決意し、土地購入の交渉をはじめる。所有者から理解を得たあと、休日に土地の草刈なども開始。

2003年10月
国民金融公庫の融資を断念。資金調達で銀行を回る。大多喜町にある知り合いの炭火焼店で、豊乃さんが修業を兼ねて働きはじめる。

2003年12月
土地の登記が完了。工務店を弟に引継ぎ退社。

2004年
ひたすら銀行回りに明け暮れる。木々の伐採と敷地の整備。

2005年3月
県、銀行からの融資が決定する。

2005年7月
建物工事開始。手伝ってくれている仲間や友人のアドバイス、意見を得ながら工事を進めていく。

2006年4月
オープン。

町道を入りしばらく道沿いを行くと木の看板が見えてくる。勾配を上がれば建物が姿を現す。

宿まで続く町道。田んぼが広がる、懐かしい山里の風景だ。見ているうちにのんびりとした気持ちになれる。

アクセス：館山道市原ICから国道297号線経由で大多喜まで約45分／JR外房線大原駅からいすみ鉄道大多喜駅下車。車にて約10分

テラスから臨めるのは一面の山の緑やため池、空。自然のなかでゆっくりと体と心がほぐされていくのを感じる。

風呂の湯には地下水を汲み上げている。柔らかな肌触りがお客さまにも好評だとか。

ここまでに2年の月日を費やしたが、最終的には4000万円の融資と身内からの援助、自己資金を合わせ9000万円弱を調達した。

日常を忘れる空間にリピーター多数

仲間に手伝ってもらい、すでに基礎工事は自分たちで進めていたが、資金繰りのめどもついた2005年7月、ようやく本格的に着工。

離れとなる3つの客室は、それぞれの距離もほど良い。各部屋には露天風呂があり、湯船の造りも御影石や自然石、黒タイルと異なる。風呂やテラスからは池や田園が眺められ、車の音などもまったく聞こえない。あるのはただ、喧騒とは無縁の空間だ。

「いらしたお客さまも、何もせずにただボーッとするだけでいいと部屋から出ない方もいます」

Rooms & Location
宿のつくりと立地環境

独特な形状の敷地を有効利用
自然木を植栽し、周囲との調和を

厨房
食事処との距離が近く、連携もとりやすい好配置。

待機スペース
囲炉裏の置かれた待機スペース。長方形の窓から見える美しい緑が、心を落ち着けてくれる。

客室
小高い位置にあることで視界も開けている。できるだけ死角をなくすのもセキュリティ面では有効だ。

離れへの小道
道沿いに夜光灯を配備し、歩きやすく整備している。

駐車場
入り口から直線上にあり、スムーズに出入りができる。最大5台の駐車が可能。

植栽、花
緑豊かな周囲の景観を損なわないようにと、木や小さな花などを植えた。

敷地
敷地は高低差があり、離れのある部分の土地は少し高くなっている。窓からの眺めは良い。

—POINT
細長く独特の形状をした土地を上手く生かし、本館と離れ、それぞれの距離もバランスがとれた配置に。

お客さまの心をつかむ自慢の新鮮野菜

房総半島の温暖な気候と豊富な自然に囲まれた大多喜町。竹林も多く、タケノコの産地としても知られる。「かのか」では、大多喜産のタケノコも朝掘りの新鮮なものを味わえるとあり、人気の一品。ほかにもアスパラやしいたけ、ネギなど地元で採れた旬の野菜はお客さまから好評だ。

野菜を網で焼き、そのまま食べるというスタイルも人気の理由。丸ごと焼くことで、素材のおいしさを直に味わうことができるのだ。

タケノコやアスパラが食べたいと時期をみて訪れるリピーターも多い。

せっかくの自慢の食材。それをどう生かし、アピールするのが一番良いかを考えることは重要だ。

焼くことでよりいっそう香りと甘みが増しておいしく味わえる。

The Guest Room
*図解でわかる人気のヒミツ

—POINT
各離れの床面積は44〜46m²。3室とも全体を落ち着いた色彩で和モダンに仕上げ、全体のイメージを統一した。

畳ベッド
手間のかからないベッドと畳の通気性という2つの利点をもつ。
照明
照明もカバーをつけることで光が抑えられ、ソフトな印象に。
内装—1
洗面所
十分な広さを確保。アメニティにも落ちついたデザインのものを置いた。
料理—2
テラス
露天風呂から上がったあと、ゆっくり休むことができるテラス。
露天風呂
それぞれ部屋ごとにタイルなどを変えた露天風呂。景色を眺めながら湯に疲れる。
個室食事処(本館)—3

洗練されたインテリアで和モダンな雰囲気に

海・山の新鮮な食材を炭火で丸ごと味わう

食事は本館の個室食事処で、宿自慢の炭火焼料理を味わう。野菜や魚などを丸ごと焼いて食べるスタイルで、すべて野菜は大多喜産のもの。都会のスーパーにはない大きさのアスパラなどは味をみて直接農家と契約。お客さまにも好評だ。

そのほか勝浦から宅配便で直送されるというアワビやスズキなど旬の魚の刺身、椀物や小皿、デザートが1品ずつ出される。食前酒として出されるイチゴやブルーベリーの果実酒は女性にも飲みやすく人気だ。地酒も多くとりそろえる。

自分たちがこの場所で癒されたように、「落ち込んだり元気のない人を呼んで、癒してあげたい」という2人の気持ちからはじめた宿。どこか懐かしい風景と夫婦の思いに、訪れる人たちはふと、ふるさとを重ね映すのかもしれない。

*Owner's Choice

周囲の助けを得て
子ども時代の思い出が残る故郷で開業

「かのか」は“ふるさと”の曲に出てくる「かの山」「かの川」にちなみ、付けたものだという。宿のコンセプトとともに、田舎の風情を味わえる町の魅力を伝えたいという想いが込められた。

「宿のある場所も含めた一帯は、小さなころからの遊び場だったというほど、よく知っている場所」だと語る廣行さん。実家の工務店を継ぎ、これまで仕事・生活ともにあった大多喜町で銀行からの融資を断られた理由のひとつに集客面の問題が挙げられたが、廣行さんはこの場所で宿を開くことに迷いはなかった。

「すでに工事を進めていたので、後戻りできないという気持ちもありましたが、作業を手伝ってくれる仲間が多く、本当にいろいろ世話になりました。建築作業だけでなく、サッシなどエクステリア資材なども格安で提供してもらえたり、食材の仕入れルートを紹介してもらったり。周囲の力を借りなくては、宿の開業など到底ムリだったと思います。先輩や仲間の励ましも大きな支えになっていました」

　現在も友人がふらっと様子を見に来てくれることがよくある。孤独になりやすいともいえる個人経営者にとって、いざというときに信頼でき、いつでも力を貸してくれる味方がいることは、大きな力になるといえる。

雨の日お客さまを出迎えるために用意。番傘というのが粋だ。

①和風モダンな内装の客室。ケヤキのテーブルや柔らかな光の照明が温かみをもたらしている。

②スズキやキンメのお造り、大皿には地元で獲れた鮎や野菜などが盛られる。

③本館個室食事処は3つに分かれているので、ほかの宿泊客を気にすることなくゆっくり食事ができる。

*SHOP DATA

広丞庵かのか

住所／千葉県夷隅郡大多喜町下大多喜2215
TEL／0470-80-0080
客室数／1日3組限定。3室利用（4名まで）
IN／14:00　OUT／11:00
定休日／不定、月2日
料金／21,000円～（1泊2食付1名分）
付帯施設／個室食事処、客室露天風呂
URL／http://kakureyado.jp/

オーナーからのメッセージ

オープンまでの間にはさまざまな困難もあると思いますが、宿の開業を決めたら、そう簡単にはあきらめてほしくないと思います。ひとつの道が塞がれても、本気で探せば別の道はいくらでもあります。自分の可能性を信じて努力していけば、後悔もないはず。

女性オーナーがもてなすペンション

オーストラリアに魅せられて。心を解きほぐす癒しのリゾート

＊静岡県・伊豆下田＊OCEAN RESORT BONDI

バスケットで届けられる朝食は、サンドイッチ、コーヒーまたは紅茶、ジュースとデザート。

豊かな自然と香りをおもてなしの一部に

静岡県下田の吉佐美大浜は、透明感のある海と白い砂浜が美しい、日本でも有数のマリンスポット。海まで歩いてすぐの距離にある「オーシャンリゾート・ボンダイ」の部屋からは、青い海が臨めるのはもちろん、周囲の緑も満喫できる。

「20年前にはじめて旅行で訪れ、それ以来、自然豊かなオーストラリアの虜になりました」という板橋淑江さん。海あり山ありの下田の自然が気に入り、生まれ育った東京を離れて、新天地でペンション経営の道を歩むことになったのだ。

お客さまを迎えるにあたっては、大好きなオーストラリアをイメージした板橋さん流のもてなしが随所に光る。オーストラリアでは古くから花や植物がもつ力を感情に作用させ、心に安らぎを与える自然療法が受け継がれている。そこで宿泊客

角部屋を利用した2階のデラックスダブル（13,000円～）。浴室からも海が見える。

ゆとりのあるダイニングスペース。夜はバーとして、またルームサービスにも対応している。

リフレッシュ効果のあるフラワーエッセンスを配合したルームスプレーの紹介。

サンテラスでデジタルリフレクス（70分4,000円）の施術をするセラピスト・夏八木郁子さん。

にリラックスしてほしいという思いから、知り合いのセラピストに調合を頼み、オリジナルのルームスプレーを各部屋に用意。フロントでは7種類のエッセンシャルオイルをそろえ、レモンやラベンダーなど、お客さま1人ひとりのコンディションに合わせた香りを提供している。

「オーストラリアでは、海や山の大自然と植物の香りが、私を癒してくれます。ボンダイはお客さまにとってそんな宿でありたいと思います」

開業サポート会社の力を借りて経営のノウハウを習得

宿をはじめる前に、まずペンションの開業から運営までをサポートする会社を通じて、下田にある宿をリースしてオーナーを務めることに。全8室の建物はもちろん、家具や食器があらかじめ用意され、大きな資本投下をせずにペンション経営のノウハウを学べるのが利点だった。

レセプションの近くでは、おすすめ商品として、あしたばソース、にんじんジュースなどを販売。

夜のコースの一部、「プリプリ伊勢エビのチリソース」、「新鮮地魚の刺身盛」、「野菜スティック バーニャカウダソース」。手づくりケーキもつく。

海と山の幸に加えて、心の“栄養”も考えて……

ハーブに詳しいセラピストの米田さんが淹れるハーブティーは3種類。

好きな香りを嗅いだイメージを絵に描いてもらいカウンセリングを行うセミナーも人気。

ところが実際は、家具は使い勝手が悪く、器も趣味が合わない……お客さまの立場になってみると、もっと快適でなければと、国民生活金融公庫から700万円の融資を受けて自分の手で改善した。この宿で約5年間、ペンション経営の大変さを知り、実践的なノウハウを身に付けることができたという。そこで新たな挑戦に。

「経営の難しさは重々承知していましたが、やはり自分のペンションをやってみたくて」と、夏の繁忙期まで前ペンションを続けながら、1999年、新たに「ボンダイ」をオープン。

宿のいちばんの特徴は、多彩なセラピーをお客さまが体験できること。たとえば、クリスタルボウルに伝わる音で癒しを行う「クリスタルサウンドセラピー」や、アロマとハンドの力でカラダをほぐす「デジタルリフレクス」、タロットを使ってカウンセリングを行う「光のタロッ

お宿づくりのワザを学べ！

＊開業にあたって何を重視したの？

土地は前のペンションのすぐ近くで見つけた。約5年間を過ごした下田を離れたくなかったこと、何よりこの大自然が好きだったからという。しかし、入り口周辺の土地が80人ほどの複数の所有者がいたために難航したが、地元で名前が知られていたことから購入に至ることができたのだという。

開業の際、絶対条件だったのは、客室から海が見えること、そして大きな浴室を備えていること。これは、前のペンションで予約を受ける際に、よく問い合わせがあって、お客さまのニーズが高いと判断したため。宿の設計は、伊東で多くのペンション設計を手がけている会社に依頼。土地が変形していたため、客室から海が眺められるようにと、「J」の字型に設計した。

＊食材はどこで仕入れているの？

子どものころから母親が無農薬野菜を栽培していたため、野菜を見る目は厳しい板橋さん。当然、お客さまに提供する野菜も、からだに安全なものを第一に選ぶ。しかし今日、すべての野菜に無農薬を求めるのは困難。そこでペンション周辺にある農園のなかでも無農薬栽培に力を注いでいる「たに農園」で、できる限りの野菜を仕入れている。ここで調達できないものは、近所の野菜直売所へ。

ほかに重視するのは輸入野菜は一切使わないこと。サニーレタスやハーブは、エントランス横にある小さなハウスガーデンで自家栽培している。みかんなどの柑橘類は、近所からのいただきものが多い。

メイン料理は下田ならではの新鮮な魚介類をふんだんに使って提供。伊勢エビは下田漁港で捕れたものを、刺身は信頼のおける鮮魚店で旬の魚を用意してもらっている。肉料理で使う若狭牛は、福井県にある6軒の牧場でしか飼育されていない貴重な牛。そのうちの1軒が親戚のため、特別に入手している。

＊これは不要というものはある？

開業と同時に購入した業務用冷蔵庫だが、その後、客室が10室ほどなら家庭用冷蔵庫が2つあれば十分であることがわかった。高価なうえに省エネ対策が不十分で電気代が馬鹿にならない業務用冷蔵庫は、放熱が激しく、キッチン全体が暑くなり、夏場はつらい。さらに作動音により夜間は睡眠の妨げになることも。

このような理由から、下田ではオフシーズンの間は、業務用冷蔵庫を使わないというペンションも多い。製氷機も最近の家庭用冷蔵庫なら製氷機能がついているので十分補えるという。

＊開業資金の内訳

開業サポート会社への費用	7,000,000円
物件取得費・工事費	100,000,000円
什器・設備費	20,000,000円
合計	127,000,000円

セラピストが調合したルームスプレーは、手描きPOPでお客さまにわかりやすく紹介。

HISTORY

1988年
保育士をしているときにオーストラリアを旅行し、白い砂浜のボンダイビーチとオーストラリアンセラピーの虜になる。以後、数回に渡り渡航。

1995年
ペンションプロジェクトを通じて、下田にあるペンションのオーナーになり、経営のノウハウを学ぶ。

1999年
1軒目のペンションオーナーを夏期まで続けながら、同時期に「ボンダイ」をオープン。

2004年
セラピーなどのワークショップを不定期で開催するようになる。

2007年
リビングの水槽を撤去し、リフォームする。サンテラスを増設する。

浜辺まで徒歩2分の距離にありながら、山にも近い。下田ならではの自然に抱かれている。

海側から見た宿の全景。開放的なサンテラスの居心地の良さがうかがえる。

アクセス：特急踊り子号で東京駅から伊豆急下田駅まで2時間45分／新幹線こだま号で新大阪駅から熱海駅まで3時間10分。伊豆急下田行き乗換えで伊豆急下田駅まで90分／伊豆急下田駅から車で約8分／東京から東名高速道厚木ICから国道136号線経由で約3時間30分

板張りの外壁は、下田の海と空をイメージさせるライトブルーに塗られている。

770メートルも続く吉佐美大浜海水浴場は国道から離れた静かな環境で、サーファーや家族連れに人気。

ト」などなど。女性だけでなく、男性客にもおすすめして喜ばれている。

以前の宿のお客さまが家族で訪れてくれることもあり、子どもの成長が見られるのが楽しみという。

お母さんが笑顔になれる癒しの時間を提供したい

板橋さんは経営者としての顔に加えて、私生活では3人の男児の母親でもある。そのため仕事と育児のバランスをうまくとる方法を考え続けてきた。

07年には、ダイニングにあった6人掛けの大型テーブル（熱帯魚の水槽付き）を撤去し、ウッドデッキにサンテラスを増築。以前は広さの制約からディナーを2回に分けることもあったが、1回ですむようになり、負担も大きく減ったという。

「お母さんが元気な家は、子どもたちも明るい。子育てを楽しみながら愛情を注げば、宿は次の世代にも

Rooms & Location

宿のつくりと立地環境

制約のある土地ながらも客室から海への眺望を確保

アプローチ
枕木を敷いて、趣きと歩きやすさを両立させている。
シャワー
海で遊ぶ人のために更衣室も完備。
ハウスガーデン
サニーレタスやハーブ、アロエなども栽培している。
マウンテンビュー
山の自然も間近にできる下田らしい眺め。
住居スペース
厨房から子どもの様子が見えるようにガラス窓を設置。
レセプション
お客さまの体調に合わせたエッセンシャルオイルを用意。
ロビー
環境と健康を意識した自然食品やケア製品などの販売も。
客室
1階に2室、2階に8室がある。和室では部屋食も可能。
オーシャンビュー
下田なら、こだわりたいポイント。浜辺まで徒歩2分。
ダイニング
大きなテーブルを取り除いて、ゆとりある空間に。

—POINT
住居スペースと区切る扉は、普段は使わないようにしている。家族用の玄関を別に設けることでプライバシーを確保。

オフシーズンでもお客さまを呼ぶための魅力を考えよう

下田の魅力といえばエメラルドグリーンに輝く海と白い砂浜。サーフィンやダイビングなどのマリンスポーツが盛んで、夏の間は大いに賑わう。晴れた日はお客さまも歩いて海へ。「ボンダイ」の朝食はバスケットで客室に届けられ、ゆっくりテラスで味わったり、浜辺に持って行けたりと人気を呼んでいる。また近辺には海の家がなく、浜辺に行く人には、サマーベッドやパラソルの貸し出しも行っている。

ただし、いつも天気がいいとは限らない。悪天候の日にはお客さまを海中水族館や歴史博物館に案内したり、夜空の星が楽しめない場合は、室内用のプラネタリウムを貸し出している。

夏季以外は観光客の足が遠ざかるのがビーチリゾートの短所だが、宿自体に魅力があれば、お客さまは必ずリピートしてくれるはず。1年を通して行えるサービスを考えておきたいもの。板橋さんは、とくに育児に疲れている母親に心からリラックスできる時間を提供したいと、さまざまなセラピーを用意しているのだ。

The Dining Room

*図解でわかる人気のヒミツ

ゆとりのディナーのために増築したサンデッキでは癒しのセラピーも

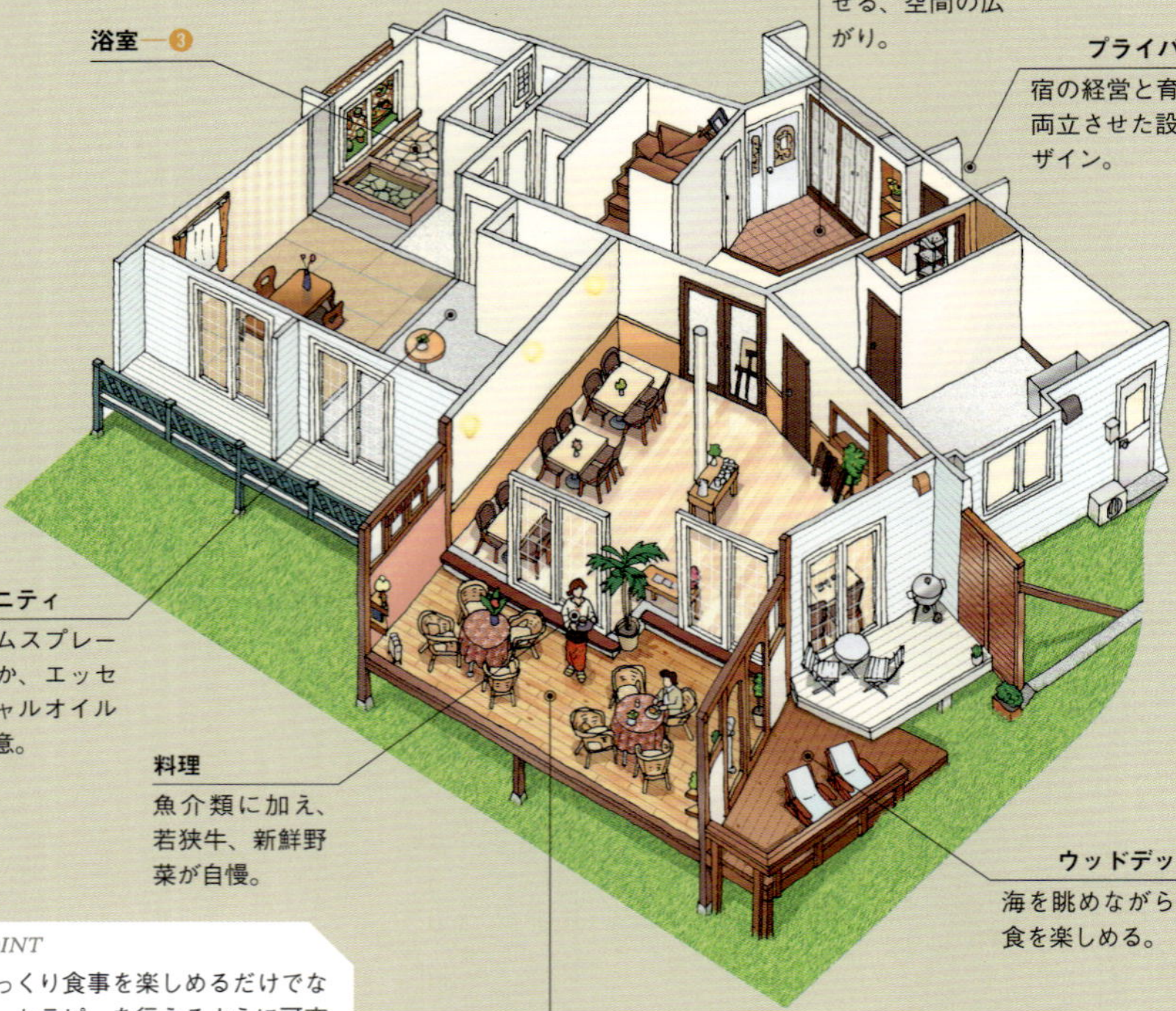

浴室—3
吹き抜け
開放感を感じさせる、空間の広がり。
プライバシー
宿の経営と育児を両立させた設計デザイン。
アメニティ
ルームスプレーのほか、エッセンシャルオイルも用意。
料理
魚介類に加え、若狭牛、新鮮野菜が自慢。
ウッドデッキ
海を眺めながら朝食を楽しめる。
サンテラス—1
セラピー—2

—POINT
ゆっくり食事を楽しめるだけでなく、セラピーを行えるように可変性を重視したダイニング空間に。

つながるはず。繁忙期は一緒に過ごす時間が限られますが、母親がそばにいると子どもは安心できます」

日ごろ長い時間を過ごすキッチンの隣に住居スペースを設け、ガラス窓を通して子どもたちの様子が見えるように工夫。育児をしながらもサービスの質が落ちることのないよう、母親としての視点を生かす。

じつは以前、板橋さんは仕事と子育ての両立に疲れ果ててしまったことがあり、そのときに助けられたのがセラピーだった。

「お客さまには下田の自然に身を委ね、セラピーで心のケアをし、リラックスしてほしい。とくに日ごろ子育てに忙しいお母さんには、旅先でゆっくりくつろいでほしいです」

ほかにも親子のコミュニケーションが上手にとれるようになったり、子どもの感情を開放するようなセラピーなどが好評だ。今後はカウンセリングのできる宿として、企業に営業を試みたいとも考えている。

*Owner's Choice

小さなことからはじめたい
子どもたちの未来を守るエコ活動

ペンションのオーナーであるとともに、3人の子どもの母親でもある板橋さんは、子どもたちが暮らす未来の地球が、少しでもよい環境であってほしいと、自分ができる範囲内で環境にやさしい暮らしを心がけている。たとえば、宿で用意しているヘアケア製品は、合成化学物質を一切使用していない天然オーガニックのもの（オーストラリア製のmiessence）を、石けんや洗濯洗剤、キッチン・掃除用洗剤は、100%生成分解できる非アレルギー性のもの（ドイツ製のSONET)をセレクトするなど、日常的に使うものから環境を意識している。

客室には歯ブラシやフェイスタオルを用意しているが、使い捨てのゴミを減らそうと、お客さまになるべく持参してもらうようにし、宿のものを使用しなかった場合は、そのぶんの料金を返金している。

また、自慢料理の金目鯛や伊勢エビによく合う「下田ワイン」の売上金の一部は、下田の美しい海を守り、海水浴場の安全管理を行っている「下田ライフセービング」という団体に提供している。

板橋さんの「環境にやさしい暮らし」を意識したアメニティ。

①海を眺めながら食事ができるサンテラス。セラピストによる心地よいマッサージでリラックスできる「デジタルリフレクス」も提供している。

②テーブルを片付けてカウンセリングやセラピーを紹介するワークショップを定期的に開催。お客さま1人ひとりが抱える心のつまりをほぐし、開放されるようにサポートを行っている。

③フラワーエッセンスを垂らして入るお風呂。エッセンスは、セラピストがオーストラリアに咲くブッシュフラワーを宿のイメージに合わせて配合。24時間入浴可。

*SHOP DATA

OCEAN RESORT BONDI

住所／静岡県下田市
　　吉佐美2625-6
TEL／0558-25-3221
客室／10室（6タイプの部屋があり、最大25名まで）
IN／16:00　OUT／11:00
定休日／なし
料金／9,000円～（1泊2食付1名分季節料金あり）
付帯設備／オージーフラワーバス、屋外更衣室、
　　コインランドリー、駐車場
URL／http://www.izu-bondi.com/index.shtml

オーナーからのメッセージ

ペンションは宿泊という目的以外にプラスαの魅力や特徴がなければリピーターを確保することはできません。開業の際は、宿のコンセプトを明確にしてから、準備に取りかかりましょう。初期投資はなるべく抑え、経営をしていくなかで、必要なものをプラスしていけばいいと思います。

古民宿を移築

楽しい語らいを大切にする夫婦が営む〝一客一亭〟の隠れ宿

＊京都府美山町＊美山粋仙庵

立地は、国道から逸れ、さらに坂道を登ったところ。ダム湖や棚田を眼下にできる。

週末の田舎暮らしを経験し古民家を移築して移住へ

宿の開業前は、山田文男さんは大阪で大学教授として、妻の悦子さんは中学校の体育教師として働いていた。20年ほど前から週末ごとに、ここ京都府美山町を訪れ家族でキャンプをしたり、夫婦で山登りや渓流釣り、スキーなどを楽しむことが多かった。そのための「遊びの基地となる山小屋」として、この地に古民家を借りたのが、そもそものきっかけ。

しばらくして、築150年という古民家を譲り受け、一度解体し、設計士に依頼して新たに建築。2003年に夫婦で移住し、04年11月に「美山粋仙庵」のオープンに漕ぎつけたが、当初の半年間はレストランだけの営業をしていた。近所の人がどんなお店なのか覗きに来るくらいで経営的には楽ではなかったが、美山町はテレビ局や出版社が

温かな灯りが出迎えてくれるエントランス。この部分は、新たに建築している。

宿の施設としてつくった囲炉裏で、じっくりとアマゴを焼く悦子さん。

ロフトスペースではお酒を飲んだりするお客さまも。天気の良い夜は天体観測も楽しめる。

取材にくることも多く、さまざまな媒体に紹介されることで、着実にリピーターを増やしていった。

ここを訪ねる第一の魅力が眺望だ。眼下には棚田、遠くにはダム湖。窓の外を文男さんになついている、つがいのトンビが舞う。すぐそばには清流の流れる谷川があり、飲み水にも利用される。

「この景色は毎日見ても飽きません。新緑や紅葉、雪景色やホタルの舞い飛ぶ季節もすばらしいですよ」

こうした自然豊かな立地環境は、文男さんがもっとも重視したことだが、もとはこの場所も棚田であったため、農地から宅地への地目変更をするだけで1年もかかったという。

夫婦2人でできる範囲でゆとりのある経営をめざす

1日1組のお客さまに限定するという経営スタイルは、「自分たちにできる範囲で最高のおもてなしを

豆乳鍋は汲み上げ湯葉が楽しめるほか、ツクシや菜の花など季節の野菜や山菜が豊富。

地鶏の刺身、アマゴの塩焼き、タケノコのホイル焼きなどがテーブルを彩る。

汲み上げ湯葉、地鶏の刺身など、土産話にしたくなる料理の数々

鍋で炊き上げるご飯が食欲をそそる。甘みのある香り高い味わいが好評。

厨房で協力し合って調理をする山田さん夫婦。体にやさしく、美味しい料理がモットー。

したいから」という2人の思いからだ。3つの和室とフローリングの2室を独占でき、自分の田舎に帰ったように足を伸ばしてゆっくりできる雰囲気が人気の理由になっている。「お客さまを増やすためには、1日1日が真剣勝負。ただしマニュアルはつくりません。接客が機械的になったり、会話の内容がいつも同じになったりするのはいやですから」

新鮮そのものの食材を生かした料理には、季節の野菜、山菜をふんだんに使う豆乳鍋や汲み上げ湯葉、地鶏のすき焼きや刺身など、色とりどりの夕食を提供。お宿オリジナルの日本酒「美山粋仙」で、文男さんを交えて夜遅くまで会話が弾むことも少なくないとか。

悦子さんは出迎え、接客などのほか調理を手伝ったりもする。「民宿をはじめると伝えたら呆れていた」という息子や娘が、繁忙期には手を貸してくれることもあるという。

お宿づくりのワザを学べ！

＊調理の修業などは行ったの？

調理技術に関しては、基礎を学ぶため、当初は修業するべきか悩んだこともあるというが、ある人にアドバイスされて考えを変えた。
「出汁のとり方ひとつにしても、どこの料理店に弟子入りしても同じだと。都会の店で修業して田舎ではじめても地元の味や食材を否定することになってしまうし、お客さんも喜ばないだろうと。それなら、鮮度のよい食材をそのまま生かしたおいしい料理を出そうと考えました」と文男さん。

以前は自家農園で野菜を栽培していたが、宿を経営しながらは手入れが行き届かず、現在は休止。農家から野菜をいただくほかは販売店で購入して補充。周辺に竹林が多く、タケノコは野生のものが味わえる。また、地鶏は４軒の養鶏場から油っこさのないバランスのよいものを厳選。アマゴは養殖ものだが、２～３日餌を控えたのち、鶏肉を与えることで大きくなり、味もぐっと良くなるという。

＊内装やインテリアのこだわりは？

柱や梁はそのまま生かし、「久米蔵塗り」で古色を出している。これは、柿渋と煤に少しだけ紅殻を混ぜたものを塗りつける技法で、配合の割合は端材に塗ってみながら試行錯誤を重ねて決定。完成から約５年で一度も塗りなおしていないが、その漆黒は古材の風格を渋く表現している。

また、ガラス入りの建具やロフトなどの一部には新材を使用。長持と蔵の戸を使って文男さんが自作したテーブルや囲炉裏、アンティークのランプなどが、のんびりした田舎を訪れるお客さまの心を和ませている。

＊オリジナルの日本酒「美山粋仙」とは？

地酒がない美山町と「美山粋仙庵」のために、知り合いのイギリス人杜氏のフィリップ・ハーパーさんがつくったもの。文男さんらはハーパーさんを中心に「和く輪く倶楽部」という仲間を集めて、杜氏学を学びながら日本酒づくりにも挑戦している。
「日本酒が低迷するなか、売れないお酒をつくって酒造元が苦しむくらいなら、自分たちのお酒をつくって高く売ろう、そしてみんなで買おうと。といっても、酒を飲みながら日本酒の復興を語り合ったり、料理とのマッチングを教えあったり。いずれは協力しあって酒蔵をつくりたいと話しています」

＊テレビや雑誌で紹介される長短所は？

テレビ番組で紹介されると、すぐに問い合わせの電話が入るほど反応は早い。しかし、テレビでの紹介は一時的なピークで終わる可能性も高いが、その逆に雑誌で知った人の場合はテレビほど反応は早くはないものの、じっくりと検討できるせいか、「やっと来れました」と喜んでくれたり、長い付き合いのできるお客さまになってくれるという。

＊開業資金の内訳

物件取得費	30,000,000円
インテリア代	4,000,000円
運転資金	1,000,000円
合計	35,000,000円

※自己資金500万円に加え、銀行ローン3,000万円を用意。

民宿らしく和室も用意。畳にごろりと横になるだけでも気分がいい。

HISTORY

1995年ごろ
アウトドアを楽しむために美山町を週末ごとに訪れはじめる。当時から移住先の土地探しも行う。

2001年
古民家を譲ってくれることを知り、気に入った土地に移築を決意。

2003年
現在の「美山粋仙庵」のもととなる移築が完了し、夫婦で移住。

2003年11月
オープンするが、当初の半年間はレストランとして営業。「美山おもしろ倶楽部」を地元の人たちと主宰。

2004年7月
テレビ朝日系「人生の楽園」に紹介される。

2005年
宿の近くに棚田を借りて「米づくりプロジェクト」を開催。

2006年
妻・悦子さんが「プティ教室」をはじめる。

「美山民族資料館」では生活体験のほか、農具や生活用具などを展示している（入館料／大人300円）。

アクセス：京都縦貫自動車道丹波ICから約30分／京都市内から国道162号線経由で約1時間半／JR和知駅から車で約15分

京都の屋根と呼ばれ、豊な水の流れに育まれてきた美山町。いまも美しい棚田が残り、おいしいお米づくりが行われている。

宿の建築前は棚田だった。（写真提供／美山粋仙庵）

豊かな自然を楽しむためのさまざまな計画を実現

この土地への移住と開業を決めた大きな理由の一つが、地元の人たちの自然を大切にする意識が高いことにあると文男さん。

「美山町では温泉を掘りませんし、ゴルフ場もつくっていない。杉林が多いのですが、5割以上の原生林を残しています。そんなところが好きになりました」

移住した当初、地元の人が集まるようになり、サロンのような交流の場に。やがてお客さまも交えて、演奏会や手打ちそば、陶芸、スケッチ、山菜採りなどを楽しむ「美山おもしろ倶楽部」に発展。「いろんな職種の人が集まり、しがらみのない付き合いを気楽に楽しんでいました」というが、宿が忙しくなってからは休止状態になり、少し残念そうだ。

現在は近くの棚田を2反借り受

Rooms & Location
宿のつくりと立地環境

古民家の骨組をベースに リビング、各種設備を増設

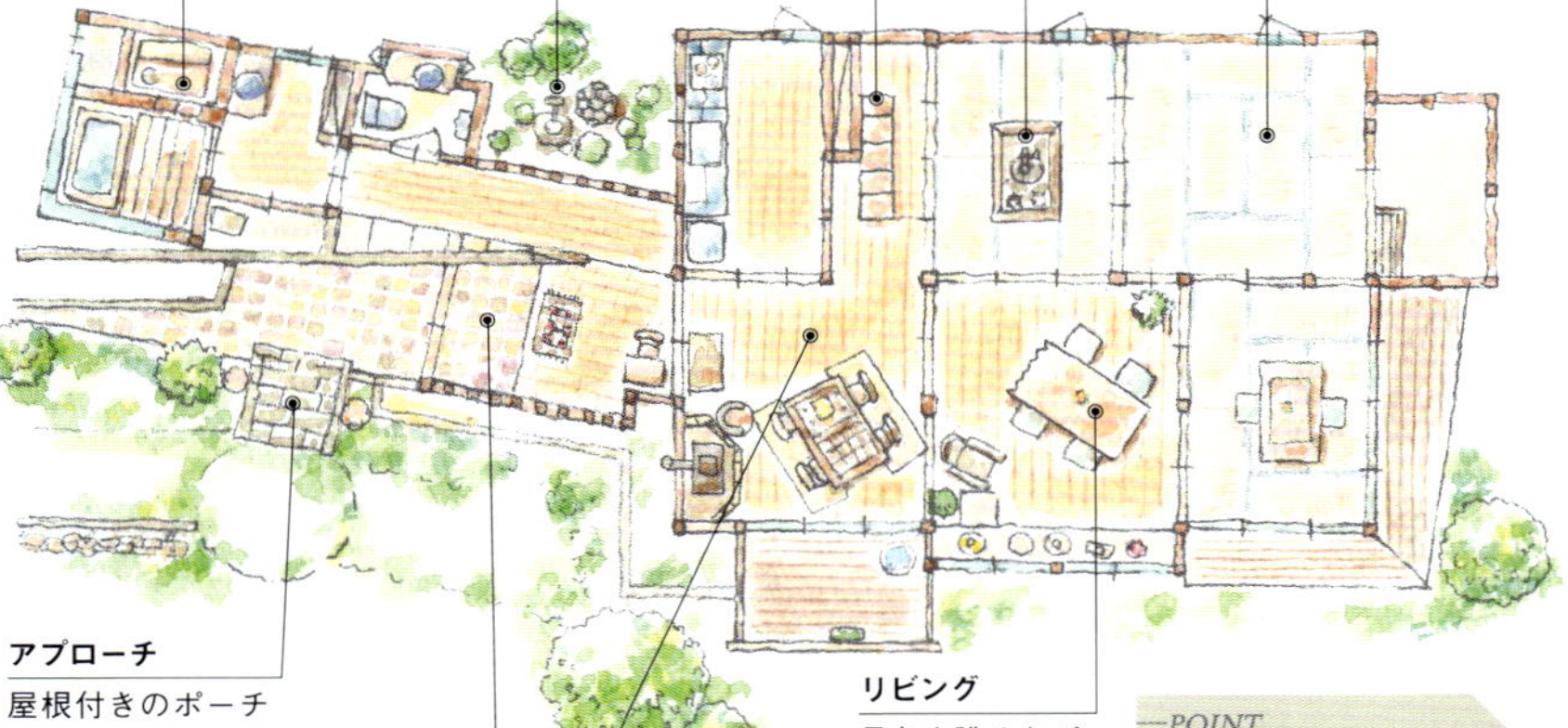
サウナ
旅の疲れを癒す、フィンランド式のサウナ。
水琴窟
地下に埋めた甕に落ちる水滴の音が共鳴し、琴の音に似た音を響かせる。
階段箪笥
骨董好きの主人の収集品。ランプや大皿なども多数。
囲炉裏
宿の雰囲気に合わせた小さめのサイズ。
和室
普段は襖を開放し、広い空間を利用できる。
アプローチ
屋根付きのポーチを設けているので、雨天でも便利。
玄関
開口部を多く取り、採光の良い空間にしている。
吹き抜け
ここは元は土間だったところ。
リビング
景色を眺めながら食事を堪能。

POINT
アプローチ、浴室までの動線を設けることにより、移動の変化が楽しめる。また、眺めがポイントにより違うのも面白い。

運と時間も必要になる 古民家でのお宿開業

宿のもととなった古民家を見つけたのは、週末の田舎暮らしを楽しんでいたころ。ご近所に挨拶をしに訪れた際、築150年の重要文化財に指定されるほどの古民家が道路拡張により取り壊しになることを知った。そこで、移築後きれいに整地することを条件に無償で譲り受けることに。美山町では無償で移譲されるケースは田や畑も同様に、信用さえあれば珍しくない。気に入った土地を宅地にするための地目変更は地元の農業委員会、都道府県の農業委員会を経て、最終的には知事の認可が必要なため、1年はかかる覚悟で臨む。民家が隣接する場合などは認められないことも。

解体・移築は地元の工務店に依頼。一度取り外した材は再び組み上げる前に、まず「暴れ」を抑えるため、1年間倉庫で重しをして保管するという。「古民家は新築と違い、購入しておしまいではありません。もっと良くしたいと思っても、なかなか実現できませんが、つねに現在進行形であることに魅力を感じます」と文男さんはいう。

棚田やダム湖を眼下にする、まさに山間の絶景ポイント

自作テーブル
長持と蔵の戸を活用して製作。椅子は教会のもの。
オーディオセット
古い棚の内部に収納。使わないときは扉を閉めている。
ウッドデッキ
室内と同じ高さになっている。
久米蔵塗り
長い年月を経た古材の重厚感を、つや消しの漆黒で表現。
眺望
四季折々の自然変化を楽しむことができる。
食事スペース—②
吹き抜け—③
季節の野菜—①

—POINT
別の場所にあった古民家を、お気に入りの高台に解体・移築した農家民宿。料理や眺望、亭主との交流も大きな楽しみのうち。

け、無農薬での米づくりプロジェクトを進めている。多いときで京阪神から40人くらいの参加があるという。悦子さんも接客以外では、南フランスに伝わる古典的なキルト教室を開いて田舎暮らしを満喫している。

「私はお宿を経営するにあたって、景色を含めた〈空間〉、〈時間〉、〈食感〉、〈コミュニケーション〉の4つがあってお客さまが満足してくれるのだと思います」

集客のための宣伝に力を注ぐよりも、「自然のなかに入って楽しめる自分の〈総合力〉を大切にしたい」という文男さん。

自然に抱かれた宿に、単なる宿泊を求める人は少ないだろう。「美山粋仙庵」の亭主は、自分を高め、深くコミュニケーションを図ることで、はじめてのお客さまがリピーターになってくれるのだと語る。

*Owner's Choice

妻・悦子さん主宰の
ブティ教室も宿泊者に好評

ブティとはフランス・プロヴァンス地方などに伝わるキルティングのこと。最高級の綿布を重ね合わせ、モチーフを細かく手縫いし、コットンロープをつめた立体的でエレガントな表情に特徴がある。日本ではほとんど知られていないが、当地の主婦に連綿と受け継がれてきた。「美山粋仙庵」でも、あちこちに悦子さんの作品が展示されている。

悦子さんがブティをはじめるきっかけは、00年ごろに放映されたNHKの手芸番組。1冊の本を知り、フランス在住のその著者を日本帰国時に訪ねたり、またフランスまで単身で修業に。

宿のオープン2年後には教室をはじめ、宿泊のお客さまから希望者を募って教えている。コースターからタペストリー、ベッドカバー、花嫁衣裳や赤ちゃんのおくるみまで、さまざまな作品づくりが可能。ゆったりとした時間と空間のなか、刺繍に専念する贅沢を味わえると好評だ。なお、大阪・梅田の文化センターでも講座を開講している。詳しいことは「美山粋仙庵」のサイトからメールで問い合わせを。西日本ツーリストが日帰りツアーも催行（http://www.nishinippon-tourist.com/inaka08.html）。

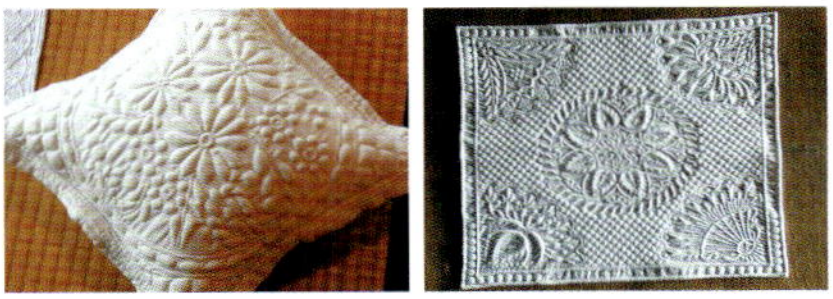

悦子さん作のブティ作品。

❶1日に使うぶんの旬の野菜。野生のワサビやタケノコ、新タマネギなどのほか、春にはツクシ、タラの芽なども加わる。

❷ダム湖や棚田が眼下に広がる。時折、つがいのトンビが舞い飛ぶ様子を目にすることもできる。

❸薪ストーブのあるリビングは、天井が高く、バルコニーもあり、開放的な気分に浸ることができる。

*SHOP DATA

美山粋仙庵

住所／京都府南丹市美山町
樫原大原谷81-1
TEL／0771-75-1625
客室数／1日1組（5名まで）
IN／15:30　OUT／10:00
定休日／火曜
料金／22,000円〜（1泊2食1名分）
付帯施設／レストラン（完全予約制 11:30〜14:30 18:00〜21:00）、フィンランドサウナ、ロフト
URL／http://www.suisen-an.com/

オーナーからのメッセージ

お宿は単に食事や寝るところを提供するだけではありません。いろいろな人が来るのですから、いかに魅力を知ってもらうかが大事。そのためには、お客さまのニーズに柔軟に対応してお話したり、お酒を飲みながら夢を語ったりすることも。いまもさまざまな分野の本を読んで勉強しています。

体験型ペンション

森と湖のある暮らしを通してお客さまにものづくりの喜びを

＊長野県大町市＊COUNTRY INN CAMP

庭に自作したあずま屋で、オーナー夫婦と母子4人がそろって体験教室。

子どもたちに人気の自然のなかの体験教室

長野県大町市のヤナバスキー場に程近い「カントリーイン・キャンプ」のオープンは1987年。オーナーの渡部泰輔さんの「建物は時代とともに古くならないように、また味が出るものを」との考えから、耐久性に優れる米松のログハウスだ。2×6（ツーバイシックス）工法の内部構造材に、半割にした丸太を積み上げている。外観はログそのものだが、館内は居住性をより重視にしたつくりに。ドイツ製の大きな暖炉のあるリビングは吹き抜けになっていて、宿泊客は思い思いの時間を過ごすことができる。

客室はツインベッドルームが全10室。1泊2食付で大人1万〜1万1000円、小学生や幼児、未就学児（2歳より）など細かな料金設定がなされている。体験教室のメニューが豊富で（有料）、お客さま

早春の時期。庭の草花の成長もこれから。夏には花と緑で覆い尽くされる。

2階の客室には天窓があり、満天の星空の下で眠りにつく。野鳥や虫の声も聞こえてくる。

夜は山の静けさに包まれる。吹き抜けのリビングには、オーナーの手づくり作品がたくさん。

は親子連れやカップルが多い。流木や木の枝でつくる木のロボットやスプーン、スツールといった木工、テラコッタの土を使うオカリナづくり、陶芸、そば打ちなどが体験できる。

「最初は、お客さまに道具を貸し出して好きにやってもらっていたのが、少しずつ増えていった」らしく、ほかにもリクエストがあれば対応することも可能という。

自作のあずま屋に子どもたちを集めての体験教室では、材料の選び方、道具の安全な使い方などを泰輔さんと妻・朱美さんが指導しながら、子どもたちが真剣な目で取り組んでいて印象的だ。

喫茶店経営をしながら宿の開業を計画

以前は、東京・白山で軽食も出す喫茶店を4年間経営。そのため、料理の腕は慣れたもの。夜は地元の

窓辺に佇む木人たち。ナラやサクラの枝を削って組み立て、頭や目、耳などのパーツをつけて完成。

作品が完成したあとは、心のこもった手料理で大満足！

夕食は「真鴨のロースト 森あわせ」「ニジマスのパイ包み焼き」「水菜の手前みそわさびドレッシングサラダ」など。手づくりデザートも楽しめる。

香ばしい焼きたてパンの朝食は、ウッドデッキでいただくのも爽快な気分。

スプーン、ミニスツール、木人が出来上がって満足そうな、高木さん宅の3人姉妹。

新鮮な食材を使ったニジマスのパイ包み焼き、サラダ、鴨のローストなどをダイニングでワインとともに。朝はテラスのテーブルで焼きたてパンも楽しめる。また、喫茶店時代には土地探しや資金づくり、接客に慣れたり、宿のアイデアも練ったという。

「でも、喫茶店の経営とは全然違いました。宿のお客さまは、1人ひとり目的が違い、どんな人が来るかわかりません。台湾や香港からのお客さまと接したりすると、人なつこく親睦を図ろうとする彼らの姿に、昔の日本人ってこうだったよなと思うことも。時代にそぐわないかもしれませんが、〝至れり尽くせり〟ではなく、自然体のサービスを提供したいと考えています」

体験教室をしないお客さまは、自然をテーマにした本や写真集、絵本や小説、漫画など幅広いジャンルの本を読むもよし。泰輔さんが拾い集めた石を使った、独り遊びのゲー

お宿づくりのワザを学べ！

＊宿をはじめたいと思ったのは？

宿を開く夢を抱くようになったのは19歳のころ。泰輔さんはある雑誌記事で見た山小屋に興味を抱き、実際に訪れてみた。

「壊れた山小屋を経営者自ら手直しし、材料もリサイクル品が中心。とてもお金が儲かりそうにもない山小屋でしたが、〝暮らす〟とは、こういうことじゃないかと。何よりもそこに集まって来る人たちと波長が合うというか、面白かったですね」

地元・大阪の美大を卒業後、東京で映画の学校へ。20代では国内はもちろん、アジアやアメリカにも旅に出かけたほか、インドでは1年間大学へ通った経験をもつ。好きな暮らしと創作活動を兼ね備えた宿を実現したわけだ。

＊オープンから21年で経営に変化は？

「この宿をはじめる10年くらい前ごろはペンションブームで、国内旅行もかなり流行っていました。でもキャンプがオープンしたのは、その後のこと。不安もありましたが、若いころに訪れた山小屋の楽しさをよく知っていたので、お客さんは必ず来ると漠然と信じていました」

「キャンプ」も、かつては多くのスキー客で賑わったが、近年はスキー客も激減。かつては1～3月のハイシーズンに800名の宿泊客を数えたが、いまでは100名程度にまで落ち込んでいるという。周辺にあったペンションは5軒から2軒に、ロッジ6軒が1軒にまで減っているのだ。こうした時代の動きを乗り切ろうと、集客を図る意味でも体験教室を積極的に行っている。

＊いまの立地に決めた理由は？

立地は房総や伊豆、丸沼高原（群馬県）や日光などでも探したが、現在の場所からは湖や北アルプスの眺望が開けていることや、白馬や安曇野といった観光地から少し離れていること、また同時期に子育てにかかったこともあり、1時間圏内に長野や松本があることなどから決意した。

「店の運営にはある程度自信があったので、毎日の暮らしに重点を置き、住みたいところに住み、生活を楽しむことを中心にすえた。でも経営のためには、ある程度観光地として知名度のある場所を選ぶことも必要だと思います」

周辺には仁科三湖と呼ばれる、木崎湖、中綱湖、青木湖があり、カヌーやフィッシング、パラグライダーなどのスポーツを楽しめるほか、立山黒部アルペンルートへ向かうお客さまも多いという。

＊開業資金の内訳

建設費	60,000,000円
暖炉代	1,250,000円
井戸掘り、ポンプ設置費	4,600,000円
運転資金　仕入れ費など	14,150,000円
合計	80,000,000円

木の温かみを感じるダイニングには、朱美さんの小物や泰輔さんの絵画が飾られている。

HISTORY

1987年5月
ペンションの工事がスタート。12月末に完成。

1987年12月
オープン。スキー客などで賑わう。お客さまの要望により、ものづくりの道具が増えていく。

1998年ごろ
ホームページを開設。

1999年
アトリエ開設。

2005年
手づくり雑貨を販売するウェブショップ「たいあけ」を開設。

2007年
ウッドデッキをオーナーと長男の手でつくり直す。あずま屋も完成。

青木湖と北アルプス。仁科三湖のひとつ木崎湖では、バス釣り、キャンプ、ヨットなどが楽しめる。（JR大糸線稲尾駅または海ノ口駅下車）
〈写真提供／渡部泰輔さん。右下も同〉

アクセス：長野自動車道豊科ICから国道148号線経由で約45分／新宿から特急あずさ～信濃大町乗り換えで簗場駅まで3時間45分／名古屋から特急しなの～松本乗り換えで簗場駅まで3時間30分。簗場駅から徒歩15分

長野県天然記念物の居谷里湿原。ミズバショウや座禅草などの湿原特有の植物の宝庫。木道が整備され、1周約60分の自然観察ができる。（JR大糸線稲尾駅から徒歩20分）

菜の花の名所として知られる中山高原。5月には雄大な北アルプスをバックに、菜の花の黄色いじゅうたんが見ごろを迎える。

ムに興じるもよし。一歩外に出れば、春には山菜やハーブが芽吹き、夏場には草花が生い茂るナチュラル・ガーデンが広がっている。

宿があるのは標高930メートルの山すそで、本格的な春を迎えるのは5月、夏でも夜は暖炉に火がともされる。2階の客室では満天の星がきらめく様を天窓越しに眺めながら眠りにつき、野鳥の声で心地よく目覚めを迎えることができる。

スキー客の減少で 地道な経営努力も必要に

低料金の宿泊施設が増えるなか、集客を図ろうと、独自のサービスとしてホームページを見て直接予約、宿泊したお客さまに割引を行っている。500ポイント（約5％）を当日も利用できる仕組みだ。「とくに06年の冬は集客が芳しくなかったのですが、この優待をはじめてからはちょっとずつお客さまが増えてきて

Rooms & Location

宿のつくりと立地環境

四季の移ろいに富んだ山のなかのログハウス

—POINT

山すその約1400坪に建つログハウス。暖炉のあるリビングを中心とする動線に特徴がある。

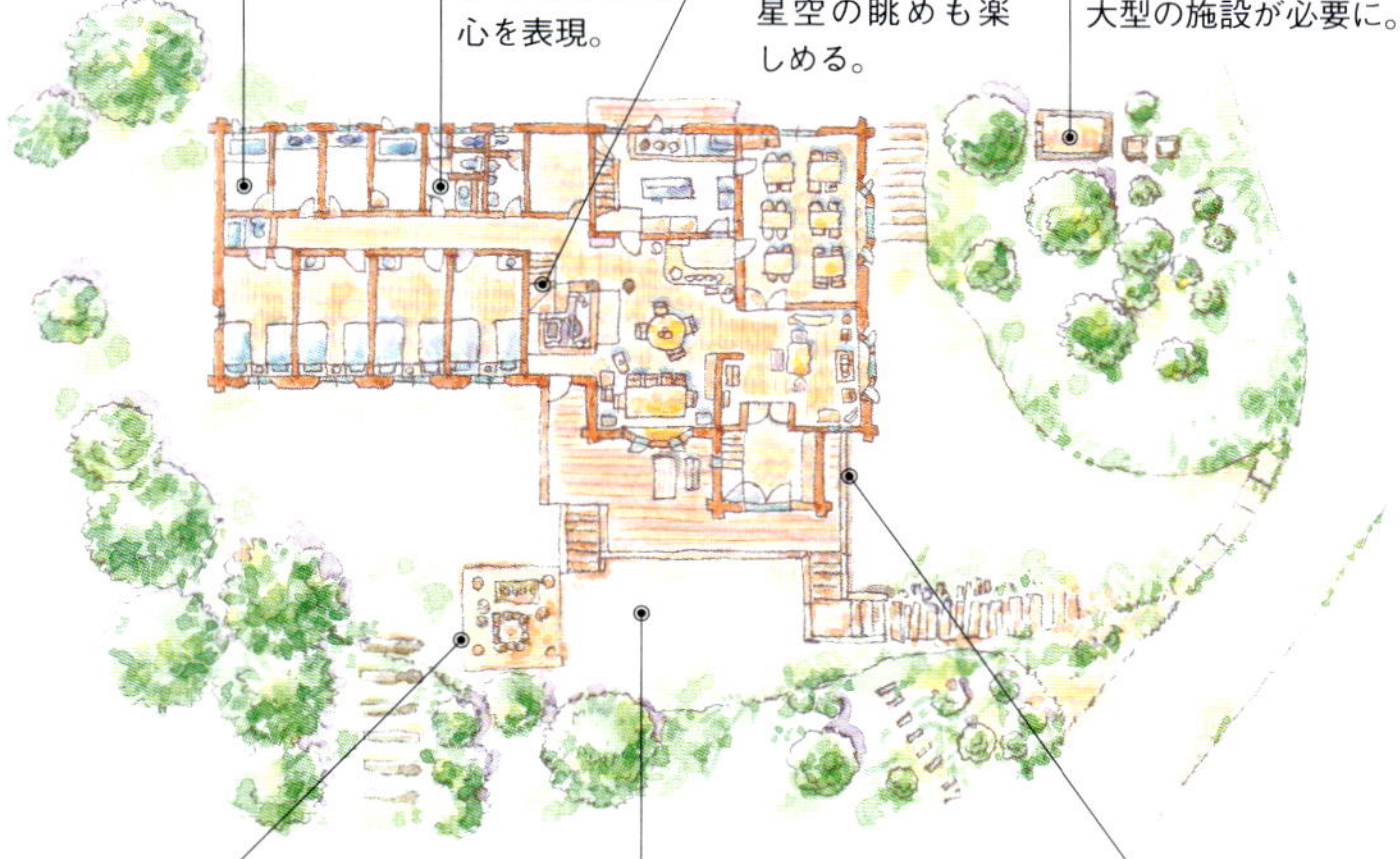

女風呂
予約すれば、5人まで入れる貸切風呂として利用が可能。

トイレ
ドライフラワーのリースなどで、細やかなもてなしの心を表現。

2階
2階には天窓を設けた4室があり、星空の眺めも楽しめる。

ボイラー室
山間にあり、井戸水を汲み上げているため、大型の施設が必要に。

あずま屋
オーナーが自作。囲炉裏が切られ、体験教室も行うことができる。

自家菜園
ルッコラ、ルバーブなどのハーブや、ミツバ、行者ニンニク、ワイルドストロベリーなど。

駐車場
10台まで収容でき、宿泊客は無料。

地階
自家用車2台分の駐車スペース、乾燥室とオーナーのアトリエも。

周辺の観光事業の動きと循環型農業に取り組む大町

長野県中部の安曇野市を中心とした地域一帯を指す「安曇野」。県内有数の観光スポット兼別荘地で、数多くの美術館や個性的な喫茶店、蕎麦屋、レストラン、宿泊施設が点在する。近年は都市生活者が定年後に移住するなど、新たな動きも活発に。また、北安曇郡白馬村は北海道・ニセコと並び、オーストラリアを中心に外国人客の人気が高まるなか、長期滞在客に向けて、高級スキーリゾートの再生をめざしているという。

大町には立山黒部アルペンルートという観光資源があるが、全国規模の「菜の花エコプロジェクト」に参加し、02年から環境と健康に配慮した地域おこしに取り組んでいる(「NPO地域づくり工房」http://npoomachi.org/)。

03年からナタネを栽培し、食用油を搾ったり、04年にはバイオ燃料の精製プラントを導入、会員らが利用している。さらに菜の花農業生産組合も発足、スキー場跡地などを利用して5・5ヘクタールにナタネを栽培。「菜の花オーナー制度」も実施している。

The Public Space

*図解でわかる人気のヒミツ

新しい〝遊び〟に触れて、何かを期待させる一日

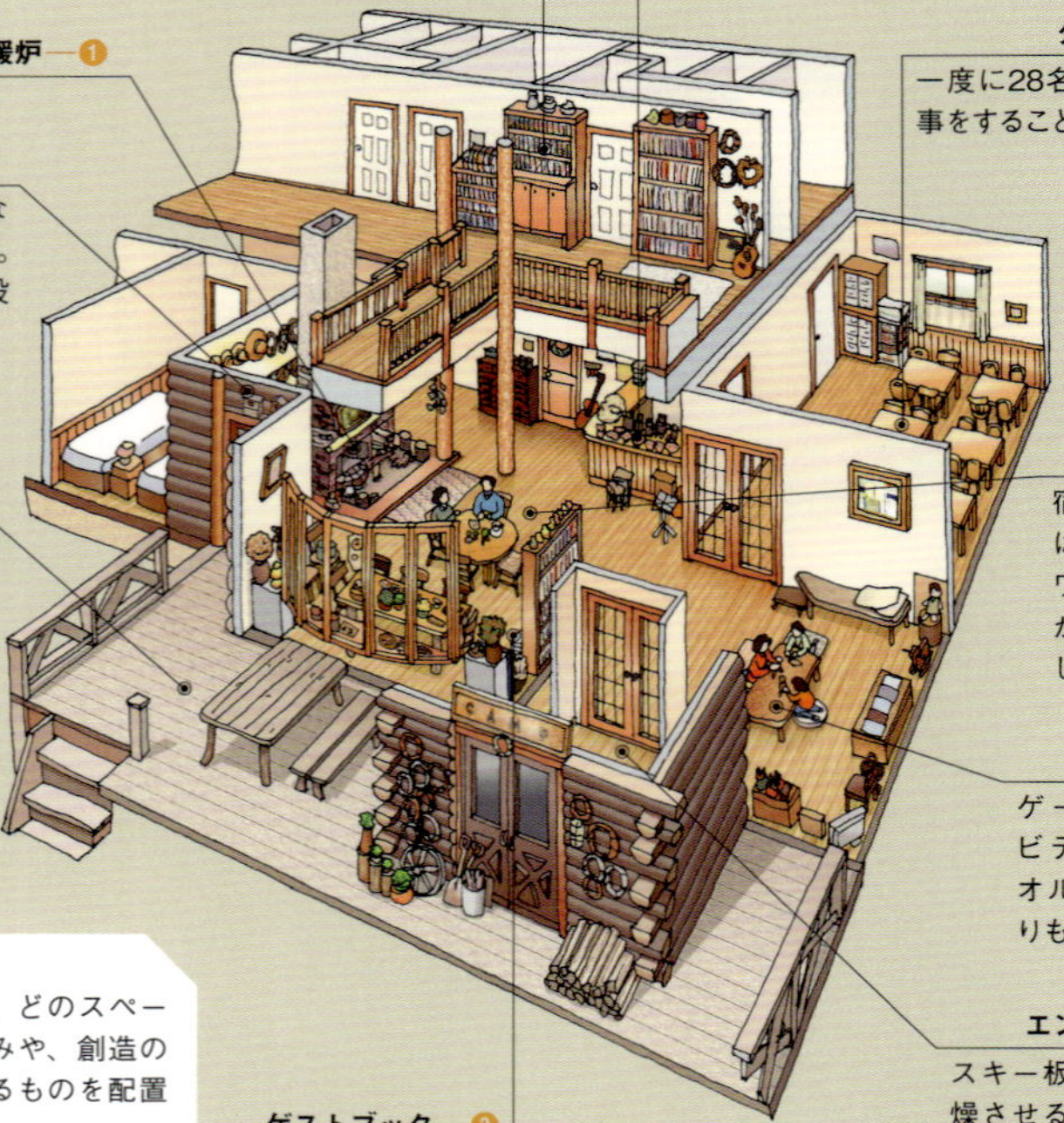
本棚
棚ごとにジャンルを変えて本を収めている。
作品
木人、オカリナなどは販売も行っている。
暖炉―1
巣箱
野鳥のキセキレイなどが巣づくりをする。建物のあちこちに設置。
ダイニング
一度に28名までが食事をすることができる。
ウッドデッキ
2007年、泰輔さんがつくり直した。階段下にあずまやも新設。
リビング
宿の中心部では、コーヒー、ワインを傾けながらの会話が楽しめる。
プレイルーム
ゲームをしたり、ビデオを見たり、オルガンを弾いたりもできる。
体験教室―2
CAMP
エントランス
スキー板などを乾燥させる部屋への階段がある。
ゲストブック―3

―POINT

客室だけでなく、どのスペースにも自然の恵みや、創造の喜びを感じさせるものを配置している。

います」

「キャンプ」のある大町は、白馬と安曇野のちょうど中間にあるため、知名度の点から不利なことも少なくない。実際、スキー客の予約は白馬の宿が埋まってから入りはじめるという。そのため、お客さまに来てもらうための地道な経営努力も。

たとえばホームページには、アマチュアの画家やカメラマンの興味を引ければと「絵になる安曇野」や、日々の料理写真を紹介する「くらしのひろいもの」、また3年前からはウェブショップも開設。手づくり雑貨の販売は、ホームページを訪問するきっかけになればとの狙いからだ。

当初は「10年で辞めて好きな絵を描ければ……」と思っていたという泰輔さん。「お客さまがわざわざお金を払って来てくれるのは、その宿の人や暮らしに触れたいから。だから、たくさんの人が興味をもつような生活をしたいと考えています」

*Owner's Choice

充実のライブラリーを用意し
自然に抱かれ読書に浸れるように

館内のところどころに置かれた本棚に収まるのは、もとは泰輔さんの蔵書だったもの。リビングの一角や、2階の吹き抜けの窓辺、廊下など、棚ごとに本をジャンル分けして自由に読めるようにしている。

たとえば、子ども向けの棚には、「ムーミン」や「ドリトル先生」シリーズ、日本の民話や新しいものでは「ハリー・ポッター」も。漫画では「ドラゴンボール」「ワンピース」「三丁目の夕日」「動物のお医者さん」といった人気シリーズ。さらに、雑誌はバックナンバーをそろえ、「太陽」「芸術新潮」「銀花」「DAYS JAPAN」、小説では安部公房、井上靖、立原正秋などの日本文学のほか、ハヤカワＳＦ文庫がズラリと並ぶ。ほかにも、山の暮らしを楽しむためのキノコの写真集や庭のつくり方、芸術作品を収めた大型本まで、さまざまな本に触れることができる。

近年、ライブラリーを設ける宿泊施設が増えており、インテリア的に見せるケースもあるが、「キャンプ」のようにオーナーの趣味を生かした本をそろえることで宿の特徴を出すという方法もある。

おすすめの3冊をセレクト。なかでも気に入っているのが、中央の「地球の上に生きる」（草思社）。

❶ドイツ製の幅3メートルほどもある煉瓦づくりの大きな暖炉。図面は泰輔さんが引き、一部を自作した。

❷スプーンづくりの指導をする泰輔さん。あらかじめ荒削りした栗やサクラの木を、慎重にくり抜いていく。とくに安全のため、ノミを入れる方向に注意を促す。

❸宿泊客が思い思いの感想をつづったゲストブック。ものづくりの喜びが通じてか、カラフルな色のペンを使って楽しい思い出の数々が残されている。

*SHOP DATA

COUNTRY INN CAMP

住所／長野県大町市
平赤ナシ23112-9
TEL／0261-23-1445
客室数／10室
IN／15:00　OUT／10:00
定休日／なし
料金／10,000円～11,000円、小学生8,500円～9,500円、幼児、未就学児（2歳より）3,500円（1泊2食付1日分 B＆B1泊朝食付の場合は2,500円引き）
付帯施設／貸切風呂（要予約）、乾燥室（スキー、スキー靴置き場）
URL／http://www.cicamp.com/

オーナーからのメッセージ

喫茶店時代も絵を描くのが好きなお客さんが多く、宿をはじめてからも「こんなことがやりたい」という要望に応えてきました。
喫茶店は1日に200～250名の来店客があったから、当初は接客は楽に感じるほど。近年は集客できる場所をきっちりとリサーチすることが重要になっているのでは。

観光地に佇むゲストハウス

京都の町家を宿に改装 オープンな雰囲気と低料金が魅力

＊京都府下京区＊tarocafe inn

駅の周辺はビルが多く、雰囲気のある町家は観光客の目を引く。

海外のように日本にもゲストハウスを増やしたい

京都駅から徒歩3分という近さにある「タロカフェ」。京都にいまも多く残る町家を、オーナーの嵯峨陽太郎さんが1人で改装したというゲストハウスだ。

食事がつかず、トイレ・バス共同で、安く宿泊できるゲストハウスは海外に多くある。日本ではまだ数も少ないが、国内外からの観光客が多い京都では近年増えている。埼玉県で6年間鳶の仕事をしていたという嵯峨さんも、京都をよく訪れる観光客の1人だった。

「京都ではゲストハウスにもよく泊まっていましたが、もっとたくさんあればいいのにと思っていたんです。京都は海外からの旅行客も多いし、ならば自分でやってみようと」

2004年冬、すでに親方も任されるようになっていた鳶の仕事を辞め、ゲストハウスの開業を決意し

2階のドミトリー。畳に布団、すだれといった雰囲気にも情緒を感じさせる。

宿ではドリンクやアルコールの販売、浴衣やタオル、自転車などのレンタルも行っている。

銭湯などでもみかける貴重品入れ。レトロな風合いが宿にマッチしている。

た。

一度はあきらめた物件と ふたたび出会うことに

京都のゲストハウスに泊まりながら、洛北方面から不動産屋回りを開始。しかし、思った以上に難航する。

「家賃は月10万円以下という自分の出した条件に加え、ゲストハウス自体がまだ浸透していなかったこともあって、ことごとく断られました。まずゲストハウスの説明からはじめなければならないことも多く、逆に怪しまれたり……」

じつは探しはじめて1カ月ほどしたころ、現在の物件を一度紹介されていた。しかし手の届く金額ではなかったため、現場を見に行くこともなかったという。ところが3カ月後、その物件と思わぬ再会を果たす。

「自転車で観光がてら京都駅近くをぶらぶらしていたら、古い空き物件を見つけて。ムリかなと思いつつ

1階のドミトリーは2段ベット。布団に慣れていない海外のお客さまにも対応する。

間口が狭く、全体に細長いのが特徴。友人の家にでも来たような気楽さが若者にも好まれている。

生活用具を完備し、機能的。長期滞在にも対応

長期滞在者にとっては洗濯・乾燥機も必須（有料）。使い方はコインランドリーと同じ。

入り口の狭さなど、全体的に小さめなのが町家らしさを醸し出す。写真はお風呂の入り口。

も、不動産屋に問い合わせてみたら、以前紹介されていて、見に行かずにあきらめた物件だったんです。かなり家賃が下がっていたのでチャンスだと思いました」

　しかし、駅周辺は人気の場所。ほかにも候補者がおり、資金に余裕のない嵯峨さんは不利ともいえる状況だった。その後、候補者と大家を交えた話し合いが行われ、最終的には大家がゲストハウスの計画を面白いと気に入ってくれ、嵯峨さんに決まった。

「以前は喫茶店として営業していた物件で、見た目は洋風でした。もとの町家の姿に戻すのは大家さんの意向でもあり、私が改修なども行うということで、家賃の値下げに応じてもらうことができました」

家族のように和める気楽さがモットー

　1泊3000円という客室は、

お宿づくりのワザを学べ！

＊改装はどこをポイントに行った？

「鳶を仕事にしていたとはいえ、扱っていたのは一般の住宅。町家を、ましてや宿に改装するとなると、かなり勝手が違っていて、結局半年ほどの時間を要してしまった」という嵯峨さん。

ただ、費用は40万円ほどと、業者に頼む金額の10分の1程度ですんだ。

「やっていた仕事が近い点では有利だったと思いますが、ゲストハウスは皆さん自分で内装をやる方も多いですよ。手づくり感をあえて出したほうが宿の味になるので」

そのほかにも、もともとジャンクを集めるのが趣味で、テーブルや照明などのインテリアもリサイクルショップで手に入れたり、もらいものが多いそう。

＊オープン前の宣伝はした？

「ほぼ、お客さまはインターネットで予約されますので、ホームページが宣伝でもあり、重要な販促ツールですね。改装に時間がかかったので運転資金もない状態だったんですが、オープン1カ月前から予約をとっていて、集客はスムーズでした」

インターネットでの集客はホームページに直接アクセスしてもらうだけと、非常に簡単でコストも抑えられるが、それだけに注意も必要だ。

「ホームページが何かのエラーで閲覧できなくなっていたのを気が付かずにいたことがあって。お客さまがぱたりと来なくなってしまったので焦りました」というように、トラブルに気付きにくいこともある。

売上げに直接かかわるだけに、つねにチェックや管理にも気を配らねばならないといえるだろう。

＊ご近所との付き合い方は？

歴史の古い街、町家……というと近所付き合いも難しいのではないかと想像するが、意外にも「打ち解けるまでに、それほど時間はかかりませんでした」との答え。以前は宿だったというお隣にも「タロカフェ」のスタッフがしょっちゅう遊びに訪れ、いまでは家族のようなお付き合いだ。「周辺の人たちとも皆顔見知りで仲良くしてもらっています。夏には宿の前にテーブルを出してビールを飲むこともありますが、文句を言われたりすることはないですね」昔ながらの町家を生かした、オープンな宿のスタイルやオーナーの姿勢が近所の人に安心感を与える要素になっているともいえる。「タロカフェ」ができたことで、周辺が明るくなったと言ってもらえたこともうれしかったと語るオーナー。居心地の良い環境を自らつくっていこうという気持ちも重要だ。

＊開業資金の内訳

物件取得費	400,000円
備品・インテリア代	200,000円
合計	600,000円

古いタイルがいい味を出すキッチン。自炊に必要なものもそろっているので安心だ。

HISTORY

1997年
北海道の実家を出て、しばらくアルバイトをしたあと、埼玉県内の建設会社に就職。

2002年
鳶の仕事をしながら年に数回京都へ。ゲストハウスにも泊まる。

2004年
宿の開業を決意し、鳶を辞める。

2005年2月
ゲストハウスに泊まりながら物件を探す。物件決定後、1人で改装をはじめる。

2005年8月
オープン。

2006年
テレビ朝日系「旅の香り」に紹介される。

2007年
徒歩10分ほどの場所にカフェ＆バーもオープン。

The Guest House
*図解でわかる人気のヒミツ

素朴な町家に生きる手づくりの味わい

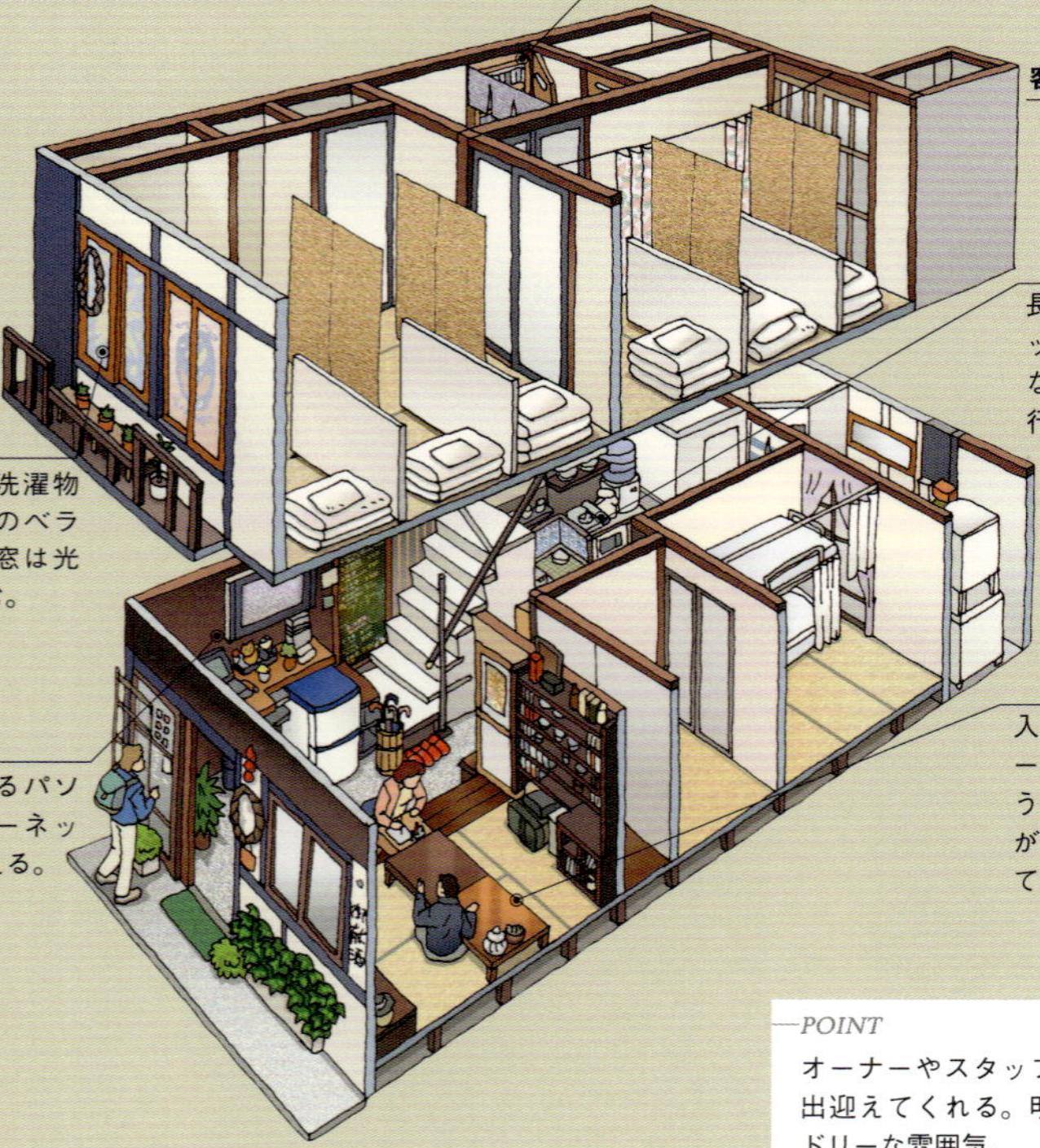

トイレ
男女別。トイレの前には本棚もある。

雰囲気—①

客室—③

キッチン
長期滞在するバックパッカーのなかには自炊を行う人も多い。

ベランダ
ちょっとした洗濯物は干せる広さのベランダ。大きな窓は光を多く採り込む。

宿泊料—②

パソコン・TV
宿に備えてあるパソコンでインターネットが無料で使える。

待機スペース
入り口の待機スペースでは受付も行うほか、お客さまが集まる場所としても機能。

—*POINT*
オーナーやスタッフが気さくに出迎えてくれる。明るくフレンドリーな雰囲気。

2階にドミトリー（男女別共同）が2つと1階に2人部屋が1つ。2階は女性または男性のみのときに襖を開けて広くしたりと、状況に応じて変えることもある。

オーナーいわく、京都で一番小さな宿とのこと。モットーは〝気楽であること〟と語る。

「風通しの良さもゲストハウスには必要だと思います。実際、玄関はいつも開けっ放しですし、人が気楽に入って来られる雰囲気をつくりたい。やっぱりこっちが緊張してしまうとお客さまにも伝わるんです。小さな宿なので、家族のように和やかに過ごしてもらえたらと思っています」

徒歩10分ほどの場所に新たに店舗を借り、自分で改装を行ったカフェ&バーの経営もはじめた。まだ完成には至っていないが、楽しみながら内装を変えていくという。

「カフェには近所の人も来てくれます。宿・カフェともにのんびり、ゆるい雰囲気でやっていきたいですね」

*Owner's Choice

ゲストハウスに重要な国内外の人たちとのコミュニケーション

北海道出身の嵯峨さんの実家では、時折、宿がないので泊めてほしいと旅のバイカーが訪れ、受け入れてあげていたという。そのせいか、幼いころから知らない人が家にいてもあまり抵抗感がなく、ゲストハウスという宿のスタイルも自分に合っていると感じる。

「タロカフェ」にはさまざまな国の人々が毎日訪れるが、これまでトラブルはなく、「たとえ言葉は通じなくても、お客さま同士が自然と仲良くなる」という。スペースの共有が基本となるため、すぐに打ち解けてしまえるのだ。また、スタッフやオーナーと、お客さまの距離も近いのも特徴。

「宿の経営がはじめてで、何をどうするかも手探りでしたが、お客さまが欲しいものや、あったらいいと思うものをいってくれるおかげでわかることも多くありました」

ゲストハウスというと、海外ではバックパッカーが情報交換の場として利用することも多く、料金の安さ以外に"コミュニケーション"も魅力のひとつ。しかし、互いの信頼のもとに成り立つ部分も大きく、そのなかで円滑なコミュニケーションを保つ努力は重要といえる。

新しくつくったカフェ&バーは近所の人々も訪れる。宿のお客さまを含め、皆で楽しめるイベントも企画中だ。

❶明るく気軽な雰囲気がバックパッカーや多くの若者に支持される。

❷部屋の料金は入り口の扉に書いてあるので、通りすがりに見かけたお客さまがふらりと入ってくることも多い。

❸ドミトリーといっても、寝るスペースにはきちんとしきりがあるなど、プライベートの配慮がなされている。

*SHOP DATA

tarocafe inn

住所/京都府京都市下京区七条通
烏丸通東入真苧屋町220-2-3
TEL/075-201-3945
客室数/ドミトリー(男女別共同)3室
IN/15:00　OUT/7:30
定休日/
料金/3,000円~(1泊素泊まり)
付帯施設/インターネット、自炊用キッチン、風呂ほか
URL/http://www.tarocafe.jp/

オーナーからのメッセージ

とくに小さなゲストハウスでは周りの人の助けが必要ですし、1人でできるものではありません。お客さまの要望からも、教わることは多いと思います。感謝の気持ちをもっていろいろな人のアドバイスにも耳を傾けるようにしていれば、失敗なども避けられるのではないでしょうか。

第2章

事業計画

宿のトレンド&旅行業界の動き

旅行需要の調査結果によると、宿の規模を問わず団体旅行や宴会客が減り、少人数での旅行が増えています。

そのため、小さな規模の宿では1日に受け入れるお客さまを限定したり、

地の利を生かした米づくりなどの農業体験、ものづくりなどができるプログラムを

実施するケースが増えてきています。こうした取り組みは立地環境とともに、

自分の経験と特技を生かすことがポイントになります。少ないお客さまを相手にするからできること、

目の届く範囲の宿づくりをすることが、一人ひとりのお客さまに満足感を与えます。

まず最初に取り組むべきコンセプト設計は、お客さまに何度も足を運んでもらうためにも必要です。

「ホテル」「旅館」「民宿」の違いを旅館業法上の区分で総まとめすると……

旅館業法での種別を知っておこう

宿を開業するにあたって、まず知っておきたいのが「旅館業法」です。旅館業とは、旅館業法で「宿泊料を受けて人を宿泊させる営業」と定義されています。ほとんどの宿がこの旅館業にあてはまり、旅館業法に則した営業をしなくてはなりません。なお、旅館業法の適用を受けないのは、アパートや間借り部屋など、その設備に利用者が生活の本拠を置くような場合です。これらは「貸室業・貸家業」とみなされます。

法律では、旅館業として、以下の4種が定められています。

(1) ホテル営業

洋式の構造および設備を主とする施設で営業。

(2) 旅館営業

和式の構造および設備を主とする施設で営業。駅前旅館、温泉旅館、観光旅館のほか、割烹旅館など。民宿も該当することがある。

(3) 簡易宿所営業

宿泊する場所を多数人で共用する構造および設備で営業。民宿やペンションなど小規模なものが該当する。

(4) 下宿営業

ひと月以上の期間を単位として宿泊させる営業。

ちなみに、「民宿」「ペンション」などという分類は、旅館業法には存在しません。あくまでも通称です。こうした小規模な宿泊施設は、旅館業法では旅館か簡易宿所に分類されます。

また、○○ホテルや○○旅館などの名称の設定はオーナーに委ねられているため、開業を届け出る際の種別と必ずしも一致しないのが実情です。

従来の概念を超えた新業態も

実際に個人で経営できる宿としてはどのよう

旅館業法
旅館業の適正な運営を確保して、利用者のニーズの高度化・多様化に対応したサービスの提供を促進し、公衆衛生や国民生活を向上させようという狙いで定められた法律。なお「宿泊」については、旅館業法では「寝具を使用して施設を利用すること」と定義されている。

和式・洋式
旅館業法では「ホテルは洋式、旅館は和式」とされ、また洋式トイレの設置もホテルでは義務付けられている。ただ、現代の日本においてはその両方が混在、もしくは和洋がミックスされているような形態も見られる。大別すれば、洋式はベッドを主とする様式、和式は畳の部屋で布団を敷いて寝る様式、となる。

なものがあるでしょうか。近年は、これまでの概念とは異なる形式の宿が続々と誕生しているので、それも含めてご紹介しましょう。

●旅館……和風または和風を主体とする和洋折衷の宿泊施設。懐石料理をサービスの目玉とする割烹旅館、温泉を目玉とする温泉旅館など。

●民宿……本来は、民家の一部を宿泊用に提供する小型宿泊施設のこと。リーズナブルな宿泊料や家庭的な雰囲気が魅力。農業や漁業のかたわら営まれる場合もある。

●ペンション……民宿のうち、洋風の建物でおもに洋風の食事を提供する小型宿泊施設。

●オーベルジュ……「地場の食材をその土地で食べる」ために誕生した、宿泊設備を備えたレストラン。通常は自然豊かな郊外や地方で営業する。発祥はフランスだが、日本ではフレンチに限らず、懐石を中心に提供する宿など、多彩なスタイルのオーベルジュが登場している。

●ゲストハウス（ドミトリー）……格安料金が売りの簡易宿泊施設。長期滞在者も多く、ルームシェアの一形態と見なされる場合も。

●農家民宿……農林漁業体験民宿業を行う施設。開業に当たって客室床面積等の各種規制が緩和されている（78ページ参照）。

旅館業法による宿の構造設備の基準（概要）

	ホテル	旅館	簡易宿所（民宿・ペンションなど）
定義	洋式の構造・設備を主とする施設	和式の構造・設備を主とする施設	多人数で共用する構造・設備を主とする施設
客室数	10室以上（洋室の数が総数の2分の1以上）	5室以上	規定なし
客室床面積	洋室9㎡以上 和室7㎡（4.5帖）以上	洋室9㎡以上 和室7㎡（4.5帖）以上	延床面積33㎡（20帖）以上・1客室7㎡以上
定員	洋室4.5㎡以上/人 和室3.2㎡以上/人	洋室4.5㎡以上/人 和室3.2㎡以上/人	2.4㎡以上/人 3.2㎡以上/2人（階層式寝台を設ける場合）
ロビー等	施設の規模に応じた適当な広さのロビー、いす・テーブル式の食堂と調理室を有すること	施設の規模に応じた適当な広さのロビー（靴を脱ぐ場合は、床面積5㎡以上の玄関広間と靴の保管設備）	規定なし
玄関帳場	床面積3.3㎡以上。宿泊者のすべてが必ず通過する場所に設ける	床面積3.3㎡以上。宿泊者のすべてが必ず通過する場所に設ける	施設の規模に応じて
入浴施設	宿泊者の需要を満たすことができる適当な数の洋式浴室またはシャワー室	近隣に公衆浴場等がある場合を除き、宿泊者の需要を満たす適当な規模の入浴設備	近隣に公衆浴場等がある場合を除き、宿泊者の需要を満たす適当な規模の入浴設備
トイレ	水洗式かつ洋式のもの。共同の場合は男女別。トイレのない客室が属する階ごとに共同用のものを設置	適当な数	適当な数

（根拠法令：旅館業法施行令・旅館業法施行条例）※奈良県「宿泊施設開業マニュアル」より

宿の利用状況

「団体旅行」から「個人・グループ」「長期滞在」多様化しつつある利用者のニーズ

宿を取り巻く環境は激変

現在、国内旅行の主流は、団体旅行から個人旅行や少人数のグループ旅行に移りつつあります。と同時に、観光スポット巡りが中心だった旅行形態も、1カ所での長期滞在やエコツーリズムに見られるような〈体験型〉が登場するなど、多様化しつつあります。

こうした動きを反映して、宿泊料3000〜5000円前後といった低価格を売りにした〈宿泊特化型〉の宿が人気を集め、高稼働率を維持しています。その一方で、宿泊料5万円以上の小規模旅館が数カ月も前から予約満杯になるといった現象も見られるようになりました。そして、従来は主流だった宿泊料1〜2万円の宿が、苦戦を強いられています。

いま宿の利用者は、とにかく価格の安さを追求する層と、高い料金を払って高付加価値を求める層に二極化が進んでいるといえます。しかし、こうした変化に宿泊業界は追いついていません。景気の低迷により、多くの宿で施設の老朽化・陳腐化やサービスの質の低下、経営改善の遅れなどがズルズルと進み、利用者のニーズに対応しきれなくなっています。かつて名宿として知られた大型旅館、老舗旅館が数多く廃業に追い込まれているのが実情です。

小さな宿の活路はどこに

このようななか、小規模な宿の経営はどのような状況にあるのでしょうか。国際観光旅館連盟（以下、国観連）の2006年度『国際観光旅館営業状況等統計調査』のデータをもとに、概観をつかんでみましょう。

宿泊客1人当たりの売上高をみると、平均1万8944円で前年比1・5％増加。規模別で

客室稼働率
客室の使用状態を表わし、どのくらい稼働しているかを表わす指標。おもに使用した客室と、その時に使用が可能であった客室で計算したもの。客室稼働率＝使用客室数÷（客室定数×営業日数）。
なお、客室定員数に対する宿泊者数の稼働率を計算した「定員稼働率」もある。

は大規模（100室以上）1万9459円（5・4%増）、中規模（31〜99室）1万6917円（8・7%減）、小規模（30室以下）2万7634円（22・2%増）で小規模が最も高く、増加率もアップ。高価格・高稼働率（高コスト体質）の経営が利用者にも受け入れつつあることを示す結果に。

調査報告書では「スモールラグジュアリー（小規模高級旅館）を中心とする人気施設と、稼働率が上がらない施設との格差が広がっている」と指摘しています。

外国人利用客の割合は5%未満ですが、国をあげての外国人客誘致が活発化していることで、上昇傾向にあります。今後はこうした外国人客や、団塊世代をはじめとする高齢者への対応を想定したサービスや設備づくりが求められると考えられます。

また、近年の傾向としてインターネットは重要な集客ツールとなりつつあります。国観連旅館経由での予約は、インターネット経由率が05年度で6%と上昇傾向にあります。とくに、旅行代理店への依存度の低い小旅館ほどインターネット経由率が高くなっています。

平成18年度決算書などに基づくデータ（国際観光旅館連盟調べ）

国観連（国際観光旅館連盟）は、会員旅館（回答229軒）を対象に平成18年度の営業状況等統計調査をまとめた。（大・中・小各旅館の客室数などは本文に記載）

A：客室稼働率（単位%）

	平均	大旅館	中旅館	小旅館
平成13年	61.5	65.8	57.0	45.4
平成14年	62.1	65.1	57.1	48.8
平成15年	62.9	66.0	58.3	49.7
平成16年	61.3	64.5	56.7	47.5
平成17年	62.3	65.4	58.3	53.1
平成18年	64.3	63.3	58.5	58.1

B：総売上高・年間宿泊人員（1軒当り）

	年度	平均	大旅館	中旅館	小旅館
総売上高（万円）	平成13年	110,745	229,531	74,550	27,629
	平成14年	112,874	220,620	71,676	29,881
	平成15年	107,336	217,279	69,292	26,951
	平成16年	110,733	222,954	69,207	27,017
	平成17年	97,695	207,111	64,847	26,321
	平成18年	110,730	219,236	68,430	30,603
年間宿泊人員（人）	平成13年	56,982	121,113	37,548	11,705
	平成14年	58,570	117,495	36,450	11,988
	平成15年	58,226	122,081	35,718	11,614
	平成16年	57,149	119,324	34,043	11,101
	平成17年	52,362	112,162	34,995	11,641
	平成18年	58,209	112,667	40,150	11,074

地域別1室当たり売上高

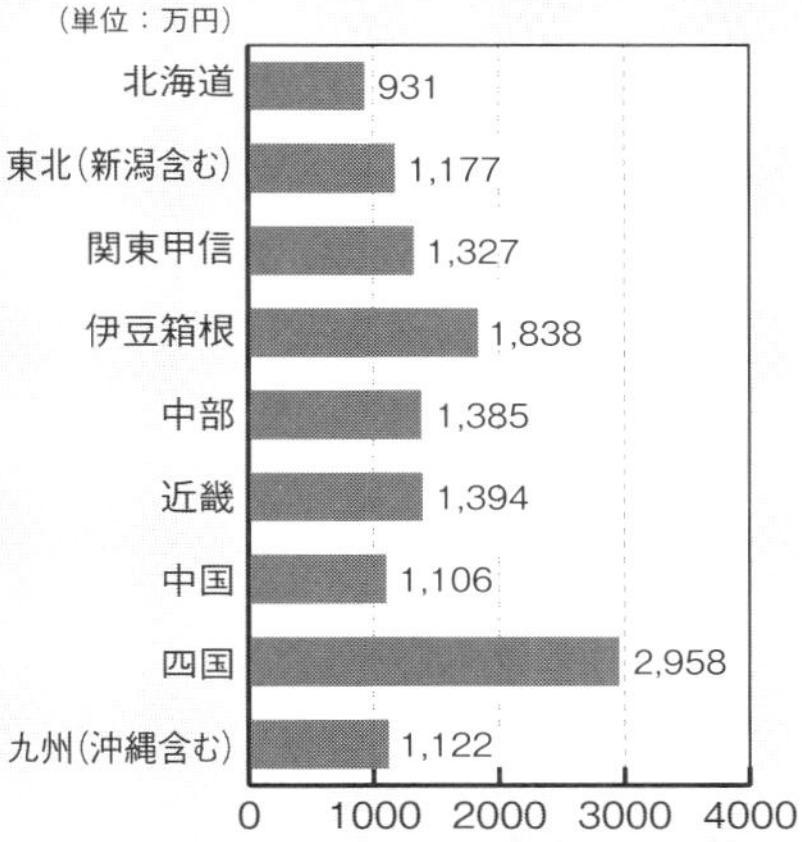
（単位：万円）
北海道 931
東北（新潟含む） 1,177
関東甲信 1,327
伊豆箱根 1,838
中部 1,385
近畿 1,394
中国 1,106
四国 2,958
九州（沖縄含む） 1,122
0 1000 2000 3000 4000

Bの表で小旅館を見ると、年間の宿泊人員がわずかに減少したものの総売上高はアップしていることがわかる。また、総売上高・宿泊人員、Aの客室稼働率ともに平均で若干の上昇をみせたものの、経常損益で赤字を計上した旅館は全体の38.4%。全体の約4割に上っていることから、旅館の経営状態は総じて厳しい状態が続いているといっていいだろう。

求められるサービス

時代とともに宿が提供するサービスの内容・質は変化している

まずサービスの基本を徹底する

利用者の二極化が進むなか、施設・設備の老朽化やサービスの質の低下など十分要望に対応しきれず廃業に追い込まれる宿泊施設も増えており、より高い利便性の追求など経営体制の改善が求められています。厚生労働省では「旅館業の振興指針」を改正し、05年より適用。業界発展のための指針となる法案をまとめました。いま宿にどのようなサービスが求められているのか見てみましょう。

【衛生水準の向上】

快適な温度と空気の確保、水まわりの清掃、従業員の衛生教育、危機管理体制の整備などを徹底すること。O-157（腸管出血性大腸菌）といった感染症への対策は急務です。

【経営課題への対処】

●コンセプトの明確化／独自性の発揮

宿の立地条件、客層、経営規模、営業形態などを十分把握したうえで、自店がどのような客層を対象に、どのようなサービスを重点的に提供するのか、コンセプトを明確にする。

●サービスの見直し／メニューの開発

利用者の信頼や好感が得られるサービスを開発し、付加価値を高める。具体例は次の通り。

・対価以上と感じさせるサービスの提供、あるいは手ごろと感じさせる料金の設定
・地場の旬の食材による料理の提供、利用者の要望に柔軟に対応できる調理体制
・食事と入浴をセットにした日帰りプラン
・〈家族向け割引制度〉や〈連泊割引制度〉の導入
・農業体験など各種イベントの企画
・オリジナリティのある土産物の販売
・環境に配慮したエコツーリズムなどへの積極

シルバースター登録制度
高齢化社会を迎えるにあたり、高齢者が利用しやすい宿泊施設の整備を図るために設けられた。厚生労働省や関係機関の協力のもと、設備・サービス・料理面で一定の基準を満たす旅館やホテルを対象に、全国旅館生活衛生同業組合連合会（全旅連）が認定登録する。

的な取り組み

・高齢化、国際化に対応できるサービスマニュアルを作成し、従業員に周知徹底させる

【施設・設備】

高齢者が安心して利用できるようバリアフリー化を進め、シルバースター認定登録も念頭に入れる。衛生的な料理の提供に必要な設備機器の整備、店内の分煙・禁煙対策も実施。

【表示の適正化／苦情の適切な処理】

●料金表示……表示料金と実際に支払う金額が大きく異なることのないよう、適切に表示する。

●温泉表示……源泉および浴槽の温泉の成分、循環ろ過や加水の有無などを明示。

●意見や苦情に対する対応……利用者の意見や苦情には誠意をもって対応し、トラブルをスピーディにかつ円滑に解決するよう努める。

いま人気のサービスは？

以上で述べてきたことのほとんどは、お客さまに不愉快な思いをさせないために、最低限クリアしておきたい内容です。

数多くの宿のなかから選ばれ、リピーターを獲得している宿は、さらにプラスアルファのサービス……たとえば「ストーリー性のある感動」や「非日常的な体験」をお客さまに提供しています。独自のアイデア次第では、小規模な宿にも勝機はあるというわけです。

「小さなお宿」だからこそチャンス！

HINT 01　「1日1組限定」

お客さまに行き届いたサービスを提供するため、あえて1日1組のみ受け入れる。

例：古守宿一作（山梨県北杜市小淵沢町）

築200年以上の古民家を改装した宿。夜は囲炉裏を囲んで、山の幸や自家製食材たっぷりの料理が味わえる。風呂のお湯は井戸水を主人が薪で焚いたもの。

HINT 02　「特色のある食事」

その土地でしか口にできない食材を提供したり、「手打ちそばと日本酒」など、主人のこだわりを発揮した食事を売りにする。

例：都内の有名レストランのシェフを招き、本格フレンチのレストランを併設。調理を行う厨房内の様子が見えるデザインに。接客サービスも一級のもてなしでお客さまを迎える。

HINT 03　「体験メニュー」

都会では体験できないひとときを味わってもらう。

例：親子を対象とした農業体験。作業した畑の収穫物を後日送ったり、あるいは収穫のために再来訪をすすめるなどして、密接な関係づくりをめざす。

例：古民家に「住む」体験そのものを目玉にする。お客さまの名前の入った表札と鍵を渡し、1週間、好きなように暮らしてもらう。食事もお客さまがつくる。

実例に見る「お客さまを呼ぶコンセプト」

自分にしかできないことを強みに宿オリジナルのコンセプトを考える

新鮮な地元産食材だけでも大きな魅力に

1章では、海や山、観光地などで開業している、さまざまな人気の宿を見てきました。それぞれが個性を生かし、お客さまを呼んでいる理由は、コンセプトとなるもの――食事、サービス、もてなしなどが売りとなり、固定客だけでなく、新規客をも惹き付けているからです。

これから宿をはじめようとするなら、まず、なぜ宿を開きたいと思うのか、宿に何を託したいのかを、じっくりと考えること。たとえば、食事なら次のようなコンセプトが考えられます。

・地元食材を生かした和食（または洋食）
・料理人の経験を生かした本格フレンチ
・郷土料理、家庭料理などの地元ならではの味
・家庭菜園で採れた野菜中心のヘルシー料理

宿のある地域性を取り入れても特徴になるはずです。たとえば、京都の「美山粋仙庵」（34ページ）のような山間の宿では、野菜や山菜、地鶏や豆腐といった食材が自慢です。千葉の「広丞庵かのか」（18ページ）では勝浦や鴨川といった漁港に近い利点を生かしています。

コンセプト設計のケーススタディ

もちろん強みは食事だけとは限りません。小さな宿が生き残るには、差別化が必要です。大型旅館やホテルにはできない満足感をいかに与えるか、手間ひまをかけた独創性がポイントになります。なかでも最近注目されているのが、体験プログラムです。

たとえば長野の「カントリーイン・キャンプ」（42ページ）では、木のロボットやオカリナ、椅子づくり、周辺地域でのアウトドアスポーツが楽しめることをアピールし、家族連れやカップルのリピート客が集まります。また、農林漁業

者がはじめる農家民宿では米づくり、パン焼きなど、大人と子どもたちが一緒に楽しめるプログラムが増えています。

コンセプト設計をする際、自分の得意とすることを宿の特徴にすることは大事ですが、どんなお客さまを相手に提供するのかも大きなポイント。たとえば、静岡の「オーシャンリゾート・ボンダイ」（26ページ）は癒しのサービスを豊富に用意し、女性客、なかでも子どもをもつ母親に喜んでもらえるサービスを考えています。京都の町家を改装したゲストハウス「タロカフェ・イン」（50ページ）はバックパッカーや若い観光客などのために低料金で泊まれるのが一番の特徴。ですが、物件を取得する際には、大家にゲストハウスの説明からはじめなければいけませんでした。

宿をはじめるには、ほかの飲食店などと違い、土地を購入したり、建物を建てたりと大きな資本を必要とすることもあります。沖縄の「マチャン・マチャン」（10ページ）のように移住して開業するとなると、十分な資金準備とともに、コンセプト設計は死活問題になります。宿を魅力的に見せ、宿泊客に満足してもらうための方法を考えてみましょう。

お客さまにわかりやすいコンセプトの見せ方

体験型ペンション「カントリーイン・キャンプ」には、オーナーの作品をはじめ、さまざまなものづくりの素材と完成品が飾られている。お客さまの目を楽しませるだけでなく、「つくってみたい」と思わせる雰囲気を演出するポイントにもなっている。

事業計画01――コンセプト設計

顧客ニーズに対する宿のコンセプトをまずは肌で感じてみること

宿泊・接客サービスを数多く体験

これからはじめようとする宿を、頭のなかで思い描くばかりでは、お客さまの満足度を高める接客サービスはなかなか浮かんできません。まずは、さまざまな個性と特色をもつ宿に実際に泊まってみて、自分のめざす宿のイメージをつかむことが大切です。

宿は少なくとも数十軒は泊まり歩くくらいの覚悟が必要。老舗からゲストハウスまで予算は数十万円を超えるかも知れませんが、人気を呼んでいる宿の実態を知らずにはじめるより意味があります。宿泊が難しければ、飲食施設を利用するだけでも、料理の説明は十分か、臨機応変に希望を聞いてくれるかなど、参考になることがあるはずです。

こうした作業と同時に、宿を開くエリアもある程度絞り込んでいきます。魅力的なコンセプトは、そのエリア特性に合っていることが前提になるからです（エリア選びについては70ページを参照）。もちろん、ターゲットにする客層も明確にする必要があります。

顧客ターゲットの絞り込み

いくつもの宿を回るうちに、その宿の個性はまずオーナー自身がはっきりと思い描けていることが大事だとわかってきます。どのようなお客さまを、どのようにもてなしたいかを具体化することが重要なのです。たとえば「若い人向けに、カジュアルなカフェ風のもてなしをする」といったイメージがつかめてくるはず。

顧客ターゲットは年齢層だけでなく、できるだけ詳しくライフスタイルや趣味・嗜好、年収までもイメージしたほうが、よりコンセプトを決めやすくなります。「日ごろ忙しく過ごしてい

空間コンセプト
顧客ターゲットを対象に行うサービスだけでなく、ハード面についても明確に。建築デザイナーに依頼する場合、建物の形・大きさ・広がり、雰囲気、ストーリー性、宿の目的や用途に沿ってコーディネイトが必要になることも。雑誌の切り抜きなどをファイルして参考に。

る都会の夫婦やカップル」「小さい子ども連れの若いファミリー」「ペット連れ」など客層によっては、客室の広さ・配置・必要な施設など、物件選びも左右されてくるのです。

コンセプト設計

次に、狙ったターゲットを満足させるために、サービスや空間づくりまでの一貫したコンセプトを明確にします。たとえば忙しい都会のカップルなら、「日常の疲れを癒せるように、ゆっくりとくつろげる客室に」「秘湯の宿で、雰囲気を維持するために、1日2名限定の宿にしよう」といった具合です。農村地帯でファミリーを対象にするなら、「子どもが農業体験、自然体験をできるプログラムにしよう」といった路線などが考えられます。

また経営初心者が事業計画を立てるにあたっては、行政の関係部署や建築、財務のプロなどできるだけ多くの人に相談し、アドバイスを求めましょう。自分の主観的なイメージだけでなく、客観的・実務的な知識を蓄えることで、無用なトラブルが防止され、一番大変な実行の段階で計画がスムーズに進むようになるからです。

コンセプト設計の際に確認しておきたいこと

- □ どんな客層をターゲットに、どんなタイプの宿泊施設にするか。
- □ 場所はどこにするか。旅館業を営むにあたっての規制があるか。
- □ 開業の際に、行政などから受けられる支援はあるか。(経営相談や低利の融資など)
- □ 開業に必要な手続きには、どんなものがあるか。

とくに以下については、コンセプト設計の段階から関連機関に相談しておくことが必要。

各種届け出と提出先

届け出	関連する法令	提出先
建築確認(都市計画法の開発許可等を要する場合は、先に、当該許可を申請)	建築基準法	管轄の土木事務所・都道府県建築課・建築指導課
消防設備の設置	消防法	管轄の消防本部(消防局)
宿泊施設としての営業許可	旅館業法	管轄の保健所
食事を提供する場合等の営業許可	食品衛生法	(管轄の保健所)

※農林漁業体験民宿の場合、県農政課などにも相談し、事前の確認を受ける。

事業計画02——設計&デザイン

さまざまな機能、楽しみを提供する宿には現代のニーズに即した知識・経験が必要

コンセプトにマッチする空間を考える

宿の顧客ターゲットやコンセプト、そしてオープンする場所が決まったら、建築デザイン、設備やインテリアといった空間設計に着手します。すべてをプロに依頼するとしても、基本的なデザインについて知ることは無意味ではありません。宿は〈箱もの〉であり、いったん建ててしまうと簡単に変更することはできないからです。宿の設計に慣れた建築デザイナーや設計士と組んで、サービスへのこだわりをしっかり伝えて失敗のない設計を心がけましょう。

その宿ならではのサービスを提供しやすい空間かどうか（たとえばダイニングを大広間にするのか、小さな空間に区切るのかなど）、お客さまが部屋を出て館内を移動する楽しみを見出せるか、またスタッフの動線にまで配慮すること。開業後に実際に勤めるスタッフも計画段階から参画すると、サービスがしやすい空間となり、設備投資にムダがなくなります。

空間設計にあたっては、宿全体に一貫したストーリー性をもたせることが大切。ドアノブや水洗金具ひとつにまで統一感をもたせるといったディテールもたしかにアピールポイントですが、さらに気をつけたいのが機能面なのです。

ただ、こうした現代風のサービス提供や空間イメージを共有し、対応してくれる設計者は地方では見つかりにくいのが実情です。設計・デザインまでは都市部の人に頼み、施工は現地の業者に頼むというパターンが一般的です。

いま、どんなデザインが流行っているか

なお、設備やサービスを考える際は、予算的な制約を忘れてはなりません。経営初心者ならば、家族経営でできる範囲のことを考えます。

町家
間口が狭く、奥行のある細長い敷地に建築された店舗付き住宅。隣家と接するように建てられているため、土間や中庭を設けて室内に光や風を取り込む工夫が見られる。宿に改造する場合は、さまざまな法律的制約をクリアする必要があり、新築するよりも費用がかかる場合も多い。

家族のみで経営するならば、やはり10室以下の規模が現実的だといえるでしょう。

幸いにも、個人旅行客が増えていて、小さな宿はむしろ時流にのっています。2005年以降にオープンした宿では、「10室以下の少ない客室」「離れの客室」「露天風呂付きの客室」といった傾向が目立ちます。もっとも、この路線は少々新鮮味に欠けてきた感もあり、安易に真似しても、似たような宿のなかで埋没してしまいかねません。今後はさらに設計やサービスでのひと工夫が必要になると思われます。そのほかにも、いま注目されている宿としては次のようなものがあります。

・古民家を移築、町家を現代風にリフォーム
・ライブラリを備え、宿泊客が本やCDを部屋に持ち込めるようにする。本やCDのチョイスにもこだわりあり
・早めにチェックインしたあと館内にくつろげる空間あり。お茶や菓子などを提供
・カウンターバーで、こだわりの酒を出す

宿泊施設であるだけでなく飲食や風呂、癒しなどさまざまなサービスを提供する宿のデザインには、豊富な知識と経験が必要になるのです。

注目の宿、建築家・設計事務所

宿のデザインは時代とともに移り変わっている。旅館業界で注目されている設計事務所・デザイナーの一部は以下のとおり。これらの宿のデザインを模倣したからといって成功が約束されているわけではないが、いま注目を集めている旅館から、時代の流れを把握しておくことは大事。

「arcanaizu」 設計：graf	静岡県/ 湯ヶ島温泉	クリエイティブユニットgraf（グラフ）による、大人のためのオーベルジュ。木の温もり感を生かしながらも、シンプルで洗練された雰囲気。
「旅館　藤屋」 設計：隈 研吾	山形県/ 銀山温泉	2006年にリニューアル。銀山温泉の景観を壊さぬように、情緒ある木造3階建てという形状を維持。カリフォルニア出身の名物女将も注目の的に。
「界 ASO」 設計：佐藤 一郎	大分県/ 瀬の本高原	8000坪の敷地に点在する12の離れには露天風呂と内風呂も付属。照明などの各デザイナーも集まり一大プロジェクトが組まれた。
「べにや無何有」 設計：竹山 聖	石川県/ 山代温泉	和・洋室、和洋室、特別室の計17室すべてに露天風呂が付いている。スパ施設、図書室やカフェ、茶室と付帯設備も充実。
「湯回廊　菊屋」 設計：石井建築設計事務所	静岡県/ 修善寺温泉	創業360年の老舗旅館が新たに「湯回廊菊屋」としてオープン。庭園風呂や大浴場などが長い廊下で結ばれ、客室もさまざまなタイプがある。
「渡月荘金龍［宙（SORA）］」 設計：辻村 久信	静岡県/ 修善寺温泉	どの部屋からも眺められる、美しい山の風景、広い庭園が自慢。デザイン性の高い、光を使ったガラスの露天風呂も話題を集める。
「富貴屋」 設計：際コーポレーション	長崎県/ 雲仙温泉	本館以外に、木造2階建ての離れ7室がある。樽風呂や桧風呂などそれぞれ風呂や部屋の広さも異なり、グループやカップルにと対応。
「風の森」 設計：A&A設計事務所	佐賀県/ 奥武雄温泉	カップルやペアをターゲットにした全室露天風呂付離れの宿。星・樹・陽・月などイメージの違う各客室は、プライベート感にあふれ、個を重視する現代において象徴的ともいえる。

参考：ブログ「旅館経営道場」http://ryokankeieiblog114.fc2.com/

事業計画03――中古物件&立地特性

旅行客の立場になって物件の状態やエリアに活気があるか確認

居抜き物件なら比較的手軽

はじめて開業する場合、費用などの面で、まずは中古物件を改装することを考えるケースは少なくありません。たとえば宿泊施設の居抜き物件なら、すでに土地や施設などは、宿に求められる一定の規制をクリアしているので、最終的な確認は必要とはいえ、許認可の確認手続きや規制をクリアするための工事もグッと楽になるはずです。設備も、宿を営むために最低限必要なものはそろっていますから、インテリアにこだわり、お金をかけられるかもしれません。

ただし、相場よりも極端に安い物件には注意。過去や現在何かしらの問題を生じている可能性があるからです。その宿が、「なぜ手放されるのか」「なぜ失敗したのか」について調査・考察する必要があります。

また、あまりに古い建物の場合、配管や冷暖房機器が使えなくなってしまっている場合があります。それを改修するとなると、数千万円以上かかることは珍しくありません。中古物件を選ぶ際は、宿にどのような設備が必要なのかわかっている施工業者などに、設備面のチェックを頼むようにしましょう。

なお、中古物件といっても、町家や古民家などを改造する場合は、新築と同様、宿としての基準を満たすために各種手続きや改造工事を行う必要があります。

地域全体が元気な場所

中古物件選びの際、つい価格面にばかり目が行きがちですが、やはりエリア選びは大事です。近年の旅行客は、宿単体ではなく、エリア全体の雰囲気で選ぶ傾向があるからです。たとえば、街並みが統一されている飛騨高山・馬籠・由布院・

居抜き
営業用の設備や装飾品などが付いたままでの売買、あるいは賃貸借のこと。こうした取引にあっては、対象となる不動産の価値はもちろん、それに付いている設備などの価値も重要視される。

黒川温泉や、自然を意図的に保存している上高地などは代表的な成功例です。

２００７年5月31日発行の観光経済新聞「注目される〝元気な温泉地〟の事例」の特集では、温泉街の景観づくりに励んだ阿寒湖温泉、個人看板の撤去と統一標識整備を進めた草津温泉、棚田を存続させる活動を行う松之山温泉、レトロな街並みを売りにする別府温泉が取り上げられています。

物件相場が高くても繁栄している元気のいいエリアなのか、逆に格安だが活気のないエリアなのか、宿泊業が〈立地産業〉であることをふまえて選ぶこと。

また、エリアとめざす宿の雰囲気がマッチしているかどうかも配慮する必要があります。同じ伊豆でも、洋風のペンションなら伊豆高原で物件を探すべきですし、民宿や和風旅館なら温泉地の湯河原が景観の面からもより適しているといえます。

そのエリアの宿泊業界が活気づいているかどうかは、自分で実際で泊まってみることのほかに、地域の役所の観光担当部署を訪ねるという方法もあります。観光客数の増減や地域の取り組みなどについて教えてもらえるはずです。

新築&居抜き物件のメリット・デメリット

	メリット	デメリット
居抜き物件	・現状の設備を生かせるため、安く早く開業することができる。 ・新築物件に比べて初期費用が安い ・建築確認、営業許可など手続きが楽	・好立地の居抜き物件は競争率が高いため、計画立案や物件の見極めに時間がかけにくい ・厨房機器や壁紙の変更などの手直しが必要。間取りの大幅チェンジや配管の総取り換えなど、手直しの量によっては新築のほうが安くなることも
新築物件	・厨房から内装までに自分のこだわりを追求できる ・以前に営業を行っていた宿のイメージなどを引きずることがない ・設備やエアコンなど、新しく性能のよいものや気に入ったものを取り入れられる	・各種規制をクリアするための事前確認や手続きが大変 ・最初から宿づくりをはじめるため、居抜き物件に比べてコストが高くなる ・設備機器の選定、各業者との打ち合わせなどにより、開業までに時間がかかる

独自の手法で活気を出すエリア

■クリーンな新エネルギー導入で町づくり

岩手県葛巻町では、産業の振興や環境問題の観点から、環境負荷の小さい「新エネルギー」として、風力や太陽光、畜産ふん尿や水力などを有効利用し、積極的に導入を行う。町民の理解を得ながら「エコの町」として、積極的に取り組みを続け、県内外からも多くの注目を集めている。

■海山のレジャーからアート・ものづくりまで

スポーツレジャーだけでなく、避暑地としても人気の高い伊豆高原。ギャラリーやクラフトフェスティバル、体験工房なども多く、芸術面での積極的な取り組みが目立っており、観光客のみならず地域の振興・交流にもつながっている。

また、年間700万人の観光客が訪れる伊東市は、ペンション数日本一を誇る。

収支計画01――開業資金

何にどれだけ資金がかかり全体でどの程度必要かを明確にする

設備にお金がかかる宿泊業

宿を開業するには、基本的に多額の設備投資が必要です。宿泊業は、建物・内装・風呂といった〈ハコモノ〉を基盤に事業を成り立たせる産業だからです。開業資金の総額は、立地や規模、あるいは設備や備品などによって大きく異なりますが、たとえば10室くらいの宿の場合、標準的な物件でも約1億円程度は必要だといわれています。また民宿として自宅を部分的に改装する程度なら、1000万円程度ですむこともあります。いずれにせよ開業資金の8～9割は設備投資にかかると考えておきましょう。おもな内訳は以下のようになります。

・土地、物件取得費……土地や建物の物件価格。そのほか、各種手数料や税金、保険料など。
・建築費……設計、解体・内外装工事、空調、浴場、厨房、電気、外構・造園などの工事にかかる費用。居抜き物件の場合でも、設備が老朽化していると、工事費は高くつきます。
・什器、設備費など……厨房機器、家具、カーテンなどのインテリア、布団、食器、リネン類など。

そのほか光熱費や仕入れ費、人件費（スタッフを雇う場合）など、1カ月にかかるランニングコストの2～3カ月ぶんを運転資金として用意しておくのが基本です（見積もり方は134ページを参照）。

あとは、オープン前の販促費用（宣伝やエージェントに払う費用など）を考えておきましょう。

自己資金は初期投資額の半分を目標に

こうした開業資金のうち、おおむね2分の1以上を自己資金でまかなうのが理想的です。国

国民金融公庫の融資

申請が受理されて、融資が決定したとしても実際に資金が手元に入るまでには早くて1カ月、遅ければ2カ月ほどかかる場合もある。すぐに資金が受け取れるわけではないことを踏まえ、着工してから資金を用意できないなどのトラブルにならないよう、支払いスケジュールにも注意しておくこと。

無期限無利息の借入れ

親や親族からの資金援助や借入れを受けた場合、もらったお金は自己資金となるが、110万円以上になると贈与税がかかる。贈与とみなされないようにするには、「金銭消費賃貸契約書」を作成して返済計画・利率なども定め、借金であるという証拠を残しておくこと。内容やフォーマットは行政書士のサイト等で確認を。

民生活金融公庫や自治体の融資の多くは、「開業資金の2分の1ほどの自己資金が用意できること」を基準としているからです。なかには1章で紹介した「美山粋仙庵」「カントリーイン・キャンプ」のように銀行からの融資を受けているケースもありますが、少数例といえます。

ちなみに、国民生活金融公庫の2007年度「新規開業実態調査」によると、宿泊業にかぎった数字ではありませんが、開業資金総額に占める自己資金の割合は29％。自己資金以外では、金融機関からの借入金が55％、そのほかが16％つまり親、兄弟からの出資、あるいは無期限無利息の借入金などです。

宿の設備投資にお金がかかるぶん、経営が軌道に乗り、資金繰りが安定するまでにはどうしても時間がかかります。初期投資を回収するまでの期間は、一般に5～10年はかかるといわれています（詳しくは74ページを参照）。その間に借入金の返済や予想外の出費で資金繰りが苦しくなるなど、さまざまな事態を想定して、自己資金を少しでも多めに用意して、ゆとりをもった資金計画を立てるようにしたいものです。

必要な資金と調達の方法

必要な資金

設備にかかる費用	店舗、備品、車両など （内訳） 不動産取得費 ・土地購入費　・建物工事費（または改装費）　・外構工事費 ・造作譲渡料（居抜き物件の場合）　・税金、手数料 什器その他 ・厨房機器　・食器、調理器具　・家具　・インテリア　・車両	万円
諸費用	運転資金、消耗品、その他諸費用 ・運転資金（3カ月ぶん～）　・仕入れ（おもに食材）　・消耗品 ・開業前の広告宣伝費　・その他諸費用	万円
	合計	万円

調達の方法

自己資金	万円
家族や知人などからの借入（内訳・返済方法）	万円
金融機関からの借入（内訳・返済方法）	万円
合計	万円

収支計画02——初期投資の回収

健全な運営を維持するには初期投資の回収期間を短くすること

5〜10年で設備投資を回収

多額な投資を「どの程度の期間で回収するか」を考えることは非常に大きな問題です。宿というのは、一度建てたらそれで〈完成〉ではありません。老朽化していく設備に手直しが必要なのはもちろんのこと、宿に対するニーズの変化に対応して設備をこまめにリニューアルしていくことも生き残りのためには不可欠です。そして、そうした設備投資を開業後も継続して行うためには、莫大な初期投資、借入金をいつまでも残しておくわけにはいかないのです。

まず、設備投資の回収期間は、5〜10年を目安に想定して資金計画を立案すること。流行の変遷が早い現代では、5年先の宿泊客のニーズが予測できません。できるだけ早めに投資資金を回収して、次に備えることが大事なのです。

旅館業界全体の実態はといえば、06年度『国際観光旅館営業状況等統計調査』（国際観光旅館連）によると、資金回収年数（年間の償却前利益で借入金を完済するために要する年数）は、規模にかかわらず15年以上と長期化が続いており、借入金依存率は8割を超えています。過剰な設備投資で大きな借入金をかかえて苦しんでいる宿が数多くあるということです。

設備投資は、収支のシミュレーションを慎重に行ったうえで、採算のとれる範囲で行うようにしたいものです。

初期投資を減らす工夫

設備投資の回収期間を短くするひとつの方法として、初期投資を減らすという手があります。たとえば、設計や工事を発注する際は〈競争見積〉を取ることで、宿の建設にかかる費用はかなり抑えられるはずです。

設備投資の回収期間
設備投資にかかったお金÷年間あたりの利益。回収期間を短くするには、本文で述べたとおり、投資金額を減らすことが第一の手段。もうひとつは、利益を上げること。つまり「売上げを増やす」もしくは「経費を下げる」のどちらかしかない。

競争見積
分離発注（デザイン・設計、施工業者それぞれで発注）を行う際に、複数の業者に見積もりを出してもらい、依頼先を決定する入札形式。対してすべてを一括で施工業者に発注した場合は図面作成も施工業者が行うため、競争見積（入札）が成立しない。減額調整でも一般に内容が判断しづらく、不利になることもある。

ただしこの場合、目先の安さに飛びついてはいけません。内容、期限などをしっかり確認し、追加工事が発生しないようにすること。できれば宿を数多く手掛けたことのある建築デザイナーに依頼して、工事費用も含めてコントロールしてもらうことが理想的です。

別の方法で初期投資を抑えた例もあります。『月刊ホテル旅館（2006年1月号、11月号）』によると、宮城県・作並温泉にある「ゆづくしの宿一の坊」では、客室の増築・改築を行うにあたって、まずモデルルームを1室だけつくり、実際に宿泊して問題点を洗い出してから全室展開を行っています。計画と実際との間にあるギャップを把握したうえで全室に展開しているのです。

安易に流行に乗らないことも重要です。流行を取り入れるにしても、それが本当に自分のコンセプトに沿ったものか、お客さまのニーズをつかんだものなのか、見た目だけでなく売り上げに反映されるものなのか——そのような費用対効果を慎重に判断して設備投資するべきなのはいうまでもありません。

借入金返済の計算

借入金は利益をもとに返済を行うが、税金の支払いや、個人経営の場合は生活費はここから捻出しなくてはならない。この損益計算書をもとに、無理のない返済が可能か計算してみよう。

法人の場合（損益計算書）

科目		備考
売上高(売上予測高)		P.90を参照
売上原価（仕入）		「売上高×原価率」で計算
営業経費	人件費	営業経費には、毎月決まった額の支払いが必要なものと売上高などに応じて金額が変わるものとがある。「その他」では、人件費、家賃、減価償却費を除いた一切の営業経費（水道光熱費、広告宣伝費、消耗品費など）を具体的に算出
	地代、家賃	
	①減価償却費	
	その他	
	計	
営業利益		「売上高 －（売上原価＋営業経費）」で算出
営業外収益		受取利息、賃貸料収入など営業以外の収入
営業外費用		支払利息などの営業以外の費用
税引前利益		「営業利益＋営業外収益－営業外費用」で算出
法人税等充当額		法人の場合、「税引前利益×40%」が目安
②当期利益		「税引前利益－法人税充当額」で算出

返済財源 ※

③返済財源 ＝ ①減価償却費 ＋ ②当期利益 － 設備投資（資本的支出）

収支見込（資金収支）

収支見込 ＝ ③返済財源 － 借入金返済元金 － 家計費（個人事業の場合）

※返済財源とは
融資を返済するためのお金（財源）。資金使途と密接に結びつくもので、返済財源の確認は資金使途の確認により行われる。返済能力判定の重要な目安につながる。

個人事業の場合は、経費と生活費を意識的に分けて経理を行う必要がある。光熱費など、経費と生活費が重複するような支出は、使用割合、売上高や収益率などをもとに案分して計算。そのうえで、以下の図式を参考に家計費を意識して（家計費を含めた）経営管理をしていこう。
｛売上 － 直接経費 － 間接経費 ＝ 営業利益｝ － 家計費 ＝ 経営の利潤

【用語解説】
直接経費：食材、クリーニング代など　間接経費：広告宣伝費、施設修繕費
家計費：共用施設部分の経費、食材の一部、光熱費などの案分
利益：収入から支出経費を差し引いて残った営業利益から，税金と家計費を除き残ったお金。この中から開業時の初期投資または借入金の返済にあてて、残りを次のステップへの原資とする。ただし税務申告用の書類上では、施設などの減価償却費は間接経費に入れ、そこから初期投資（または借入金）にあてることになる。

観光地・自分の地元に拠点をおいた宿

旅行者が多く集まる場所の利点を生かし通年で集客力に差ができないように注意

観光地で宿をはじめるなら

全国の観光地では、すでに廃業した宿も少なくありません。そこで、状態の良い居抜き物件を探す人も少なくないようです。ただし、その土地ごとの取り組み方、慣習なども違いがあり、よその土地からの参入は難しいことも。そんなときに頼りになるのが、同業者からなる協会や組合です（組合については130ページを参照）。

たとえば、「日本ペンション協会」では、ペンション開業希望者に対し、ソフト・ハード両面からのアドバイスをはじめ、良質なペンションづくりの支援を行っています。かつては、山間の土地を造成し、土地や建物の斡旋にも注力していましたが、近年は集客ノウハウの提供がおもな業務になっています。

入会するには所定の入会金（入会時）、指定看板料（入会時）、年会費（毎年）が必要になりますが、同事務局では無料（原則）のアドバイスも行っているので、問い合せてみてもいいでしょう。

また、観光地で宿をはじめる場合、お客さまの流れはシーズンや時代とともに変動することがあると考えておくべきです。とくにスキーやサーフィンなど、旅の目的をもって滞在するお客さまを相手にしたり、いまは旅行者でにぎわっているような場所でも、いずれ客足が遠のかないとは限らないからです。

そのためにも、食事や体験プログラムなど、何かひとつでも特徴をもつこと。年間を通して集客できるような売りになるものが欲しいところです。自分の経験や特技を生かす仕組みをつくったり、身近で協力してくれる人がいないか探してみましょう。

日本ペンション協会
1972年に設立された日本最古のペンション事業者の団体。開業支援のほか、ペンションの広報活動、利用客からの苦情相談、会員相互の研修活動などを行っている。東京都千代田区九段北1-2-2　グランドメゾン九段301号
URL／http://www.jpa.org/

低料金で長期滞在者の多いゲストハウス

現在都心部や観光地に在住している人の場合、ゲストハウスやドミトリーといわれる低料金の宿をはじめる方法があります。地元ならではの土地勘があるので、宿泊者への観光案内もしやすく、何よりも生活拠点を変えずにすむのがポイントです。オーナー自身も旅好きだったり、バックパッカーとしてアジアのゲストハウスをよく利用していたという人が多いようです。

食事なしの宿泊料金は1泊2500〜3000円くらい、3日〜1週間くらい連泊する人や外国人旅行者が多いのが特徴です。気軽に泊まれるのが売りなので、とくに京都や大阪などでは古い町家を改装するケースが増えています。長期滞在する人のために洗濯機やインターネット回線などを用意するのが普通ですが、内装は手づくりで間に合わせるなど開業資金も比較的少なくてすむので、若年層にもはじめやすいでしょう。

ただし、宿泊客が安心できるような空間づくりは必須。ゲストハウスは旅行者同士の情報交換の場にもなるので、お互いによくコミュニケーションを図ることも大切です。

観光地のゲストハウス＆山間のペンション

「タロカフェ・イン」（京都府京都市　P.50）

オープンな雰囲気のゲストハウス。オーナーは近所の人との付き合いも重視している。夏には宿の前にテーブルを出してビールを飲んだりも。

インターネット回線、ケーブルテレビなども完備。冷蔵庫はドリンク類を販売。

「カントリーイン・キャンプ」（長野県大町市　P.42）

宿の近くでは冬はスキー場、木崎湖で夏は釣り、カヌーなどのアウトドアスポーツも楽しめる。仁科三湖、立山黒部アルペンルートといった人気スポットもある。（写真提供／渡部泰輔）

標高930メートルの山すそに建つログハウスのペンション。現在は協会には属せず独自に運営している。

農林漁業の活性化を政府も支援〈体験型民宿〉のニーズが高まる

自治体の支援制度に注目

農村や漁村に滞在し、自然や人々との交流を楽しむグリーン・ツーリズムが注目されて10年余が経ちます。それに伴い、農山漁村の人たちが都市生活者を迎える「農林漁業体験民宿業」、いわゆる〈農家民宿〉の経営をするケースも増えてきています。政府も積極的に推進しており、各自治体の支援体制が整えられてきています。

自治体のなかには、民宿の開設や施設の改修などをするにあたり、各種法令に基づく許可手続きや衛生法に関する相談窓口を設置、開業の手引きを制作する自治体も数多くあります。各都道府県のホームページなどで、気軽に情報収集することも可能です。

さらに、自治体によっては独自の融資制度を設けているところもあります。たとえば奈良県の場合、農家民宿施設の改良・取得などにかかる費用を対象に、個人で1800万円までの貸付に応じてもらえます。償還期限は15年（うち据置3年）以内で、金利も1・8％（変動の可能性あり）と良心的です。

なお、「農林漁業体験民宿業」の取り組みに関しては、各都道府県によって違うので、地元の制度についてよく知っておきたいところです。

規制緩和ではじめやすい農家民宿

1994年に制定された「農山漁村滞在型余暇活動のための基盤整備の促進に関する法律（略称：農山漁村余暇法）」は、全国の農山漁村が地域活性を図るため、都市住民を受け入れる条件設備を定めた法律です（05年に改正法が施行）。03年度以降、順次規制緩和の傾向にあり、民宿がはじめやすくなっているのです。

たとえば「簡易宿所」では、客室の延床面積

「農林漁業体験民宿業」の登録制度

以下は、05年度12月より施行された法改正の登録制度（任意）に関するポイント。

①農林漁業者以外も登録対象に

②登録基準が明文化、万が一の事故に備え保険加入の措置をとることが登録基準に追加

③登録期間3年が廃止

④新規に登録を受ける際、登録免許税（15,000円）が課税

⑤未登録者が看板を出した場合、罰金が科せられる

⑥登録実施機関が複数化される

は33平方メートル以上が営業許可の条件でしたが、農林漁業者が農家民宿を営む場合に限り、延床面積が33平方メートル未満でも許可を受けられるようになりました。また、「農山漁村滞在型余暇活動」のために利用されるのを目的とすることが前提になり、非農林漁業者でも農家民宿をはじめられるのです（この場合は客室述床面積は33平方メートル以上必要）。

一般に、民宿は8畳間2部屋に6畳間1部屋、または6畳間4部屋がないと開業できませんが、農家民宿であれば6畳1部屋からでも営業許可が受けられるというわけです。

利用者にとっての魅力

利用客にとっての農家民宿の魅力は、何といっても都市生活者が農作業体験や暮らしを味わえる点です。観光地やリゾートのホテルや旅館のような洗練されたサービスは期待できませんが、古い民家のつくりや、地元の特産品を素材にした料理、家庭的なもてなしでリピーター客を増やしているのです。

農家民宿の体験メニュー例

「農家民宿 はこば」

VOICE

「お客さんの年齢や性別を勘案し、田舎料理でも、独自性を打ち出した料理を提供。どんな食事を出したかを記録し、同じ人に同じ料理は出さないように気をつけています」

囲炉裏を囲んで地酒を楽しめる。好みの酒の持ち込みも。四万十川でのカヌー、ラフティングなど、子どもたちが楽しめる体験メニューが充実。

宿泊費／大人(中学生以上) 6,000円（1泊2食付き）

住所／高知県高岡郡四万十町大正中津川146

TEL／0880-27-5305

URL／http://park7.wakwak.com/~hakobas/

「農園ぴくにっく」

ハーブや木々に囲まれたログハウス。体験メニューはパンづくり（1,800円）パンとピザづくり（2,300円）、竹細工（1,000円）、ブルーベリージャムづくり（3,500円）などがある。

宿泊費／大人(中学生以上) 4,000円（夕食＋3000円、朝食＋1500円、自炊＋500円）

住所／宮崎県南那珂郡北郷町大字大藤乙229-ロ

TEL／0987-55-3309

URL／http://www.iyashinosato.com/furuyafarm/

VOICE

「あまり儲けはありませんが、いつも楽しく生活（仕事）をしています。農家民宿を開業するなら、何が目的なのか、しっかり考える必要があると思います」

移住計画

〈生活の基盤〉はどこに置くか？ 物件は必ず現地に足を運んで確認する

まず目的を明確にする

都市生活者が地方移住、Uターンまたは田舎暮らしを決心し、宿の経営をはじめるケースは少なくありません。そのとき大切なのは、まずは具体的なイメージを膨らますことです。自分が思い描く生活はどのようなものか？　副業をもつのか、農業などで生活費を得るのか、あるいは本格的にペンション一筋で経営をするのか——目的は人によりさまざま。

海、山、温泉地などからいくつかの候補地を絞り込んだら、現地で宿泊し、その土地の風土や生活を肌で感じてみるのが一番。宿で田舎暮らしを経験し、いろいろと話を聞いてみるといいでしょう。できれば何度も出かけて地元の人と話をする機会をもったり、移住する家族全員で出かけるのが理想です。思い描いていた生活とのギャップを感じるかもしれませんが、それも収穫ととらえ、諦めずに情報収集を続けること。

理想とする生活が具体化されると、居住地がおのずと絞られてきます。イメージが固まったら、次は情報収集です。候補地の役所に直接問い合わせると、U・I・Jターン、貸家、優遇施策などの情報が得られます。インターネットや雑誌、市町村の案内パンフレットで情報を集める手もあります。

土地、物件探しのポイント

土地や建物の購入は、利用目的を明確にすることからはじまります。たとえば職業としての農業を考えるなら300〜1000坪程度の敷地が必要ですし、自家用の家庭菜園があれば十分なら、150坪未満の土地でも問題ありません。まずはライフスタイルに合った土地の選択

Uターン、Iターン、Jターン
都心部から地元に帰る「Uターン」、生活したことのない地域への移住「Iターン」、故郷の近くまで戻る「Jターン」。最近では、移住をIJUにかけて「IJUターン」と呼ばれることも増えている。

が大前提になります。

土地や建物はインターネットで検索するだけでなく、地元の不動産会社にしかない情報もあるので、必ず現地にまで足を運ぶこと。田舎物件は、おもに売地と売家に大別され、前者は田畑や山林をそのまま売る未造成地が多く、物件の6割程度を占めています。後者は、農家や古民家など中古物件のことをいいます。売地は価格が安いというメリットがありますが、場合によってはガスや水道といったライフラインを整備しなければなりません。

移住にかかる資金

現在、地方の過疎化の問題はますます深刻になっています。そこで都市生活者のために、各自治体では移住に関する融資、奨励金、安価な土地・建物などを用意しています。田舎の土地や建物を担保に、銀行から融資を受けるのは難しい状況なので、これらの制度をできるだけ活用したいものです。田舎暮らしの初期費用としては、最低でも1000万円程度の現金が必要だと考えてください。移住に備えて、まず堅実な貯蓄計画を立てることが大事です。

全国の田舎物件を紹介する専門サイト集

全国どこでも住んでみたい、宿を開いてみたい場所から、条件に合った物件を見つけるにはインターネットが便利。まずは、外観と広さ、間取りなど、予算に合っているかなどを判断する材料になるはず。

ふるさと情報館

定期購読者向けの月刊情報誌『ふるさとネットワーク』を発行し、全国の田舎物件の情報を提供。公式サイトでは、誰でも閲覧できる公開物件の詳しい情報も。

http://www.furusato-net.co.jp/

田舎ねっと.日本

全国の田舎物件が検索できるのはもちろん、コンテンツの1つ「田舎暮らしマニュアル」では、「田舎暮らしの準備」「田舎物件の選び方」などの読み物が充実している。

http://www.inakanet.jp/

田舎暮らし情報館

物件情報検索では、インターネット環境の有無、小学校までの距離など、ライフスタイルでの絞り込みができる。

http://www.inakakurashi.jp/

田舎暮らし.jp

近畿2府4県を中心に、田舎暮らし物件を生活にまつわる情報とともに提供。新築のログハウスに土地をセットしたプランも提案している。

http://www.inakalife.jp/

Uターンで料理自慢の宿をオープン

元ホテルシェフがもてなす福島特産の料理とベルギービール

＊福島県猪苗代町＊Belgian Beer　オーベルジュ　スクリーン

地元の猪苗代、裏磐梯のあたりは、ペンションの数も多い。冬場のオンシーズンはスキー客、観光客であふれるが、お客さまに、どう個性をアピールしていくかが、大きな成功のポイントになるといえる。

口コミで人気上昇ビール好き、グルメが集う宿

会津磐梯山の麓、毎年多くのスキー客が訪れる福島県猪苗代町。猪苗代スキー場から車で10分、静かな林のなかにあるのがペンション「スクリーン」だ。

オーナーは、地元出身だが16年間シェフとして都内の有名ホテルなどに勤めたという佐藤貴考さん。２００６年にオープンしてまだ2年ほどではあるが、「じゃらん」の口コミランキングで夕食部門1位に選ばれたりと、その腕前を発揮している。

そしてもう1つ、人気の理由は、常時70種類をそろえるベルギービール。スパイスやハーブで調味し造られたものや果実を漬け込んだものなど、豊富な種類が特徴だ。独特の風味にファンも多く、佐藤さんもその1人。開業する際から〝ベルギービールの飲める宿〟にしたいと考えていた。

「とくに観光地ではプチホテル並みの施設をもつペンションが増え、何か別の特

1991年
辻フランス料理カレッジ卒業後、東京ベイヒルトンホテルに就職
1995年
ホテルでいろいろなスタイルを学びたいと思い退社。新規オープンのホテル日航東京へ
1998年
海外からのお客さまが多く、英語を話せるようになりたいと思うようになる。ホテルを退社し、ワーキングホリデーでオーストラリアへ。
2001年
帰国後、東京ディズニーシー・ホテルミラコスタなどいくつかのホテルを経験。
2002年
お客さまと直接の関わりが減り、もっと顔の見える接客・調理がしたいと思うようになる。ペンション経営のための情報を集めはじめる。
2004年
独立を決意し、ホテルを退社。都内のレストランでシェフを務めながら、開業コンサルタントの講習に参加するなどの準備も開始。
2006年
物件取得。オープン。

ワインのように香りや色を楽しむことができるベルギービール。ピンクや赤みがかった色の美しいものや苦味が少ないものなどは、とくに女性に好評だ。

（左）子羊の香草パン粉焼き。（右）サーモンのパートフィロー包み焼き。フレンチらしい華やかさや盛り付けなど、見ための美しさも目を引く。

徴を出そうと思いました。ベルギービールならワインと比べても1本の値段が抑えられるし、宿の個性にもつながるという自信がありました」

　おかげで現在では、ビール好きや通の人たちの口コミからのお客さまが増えているという。

16年間シェフを務めたプロとしてのこだわり

　猪苗代・裏磐梯に絞ってペンションを探したところ見つけたのが、以前もペンションとして10年ほど営業していたという現在の物件。居抜きで、内装にもほぼ手を加えていないため、施設・設備に関して、はじめの消毒清掃以外のコストはほとんどかかっていない。施設より料理にこだわりたいとの思いもあったからだ。

　食材選びにもプロの目を生かし、会津牛や馬肉、旬の野菜や山菜など、食材はすべて福島産のものを使用。東京では珍しいという地鶏の川俣シャモは、直接出向いて契約を取りつけた。

「福島は食についてあまり知られていな

Floor Plan

ペンションに多く見られる効率的な客室配置と間取り

各テーブルの間隔が広く取られた1階レストラン。清潔感を基本にナチュラルな色調で親しみやすさがある。

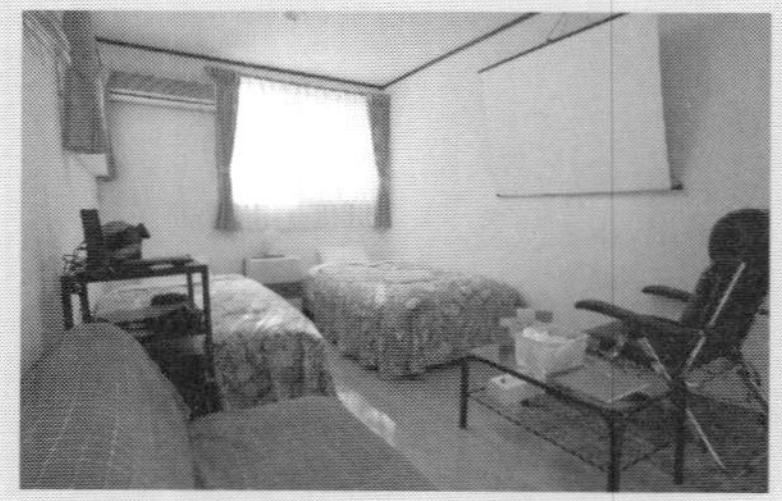

客室には大型のプロジェクターがあり、持込みをすれば、お客さまの好きなDVDが、プライベートシアターの気分で楽しめる。

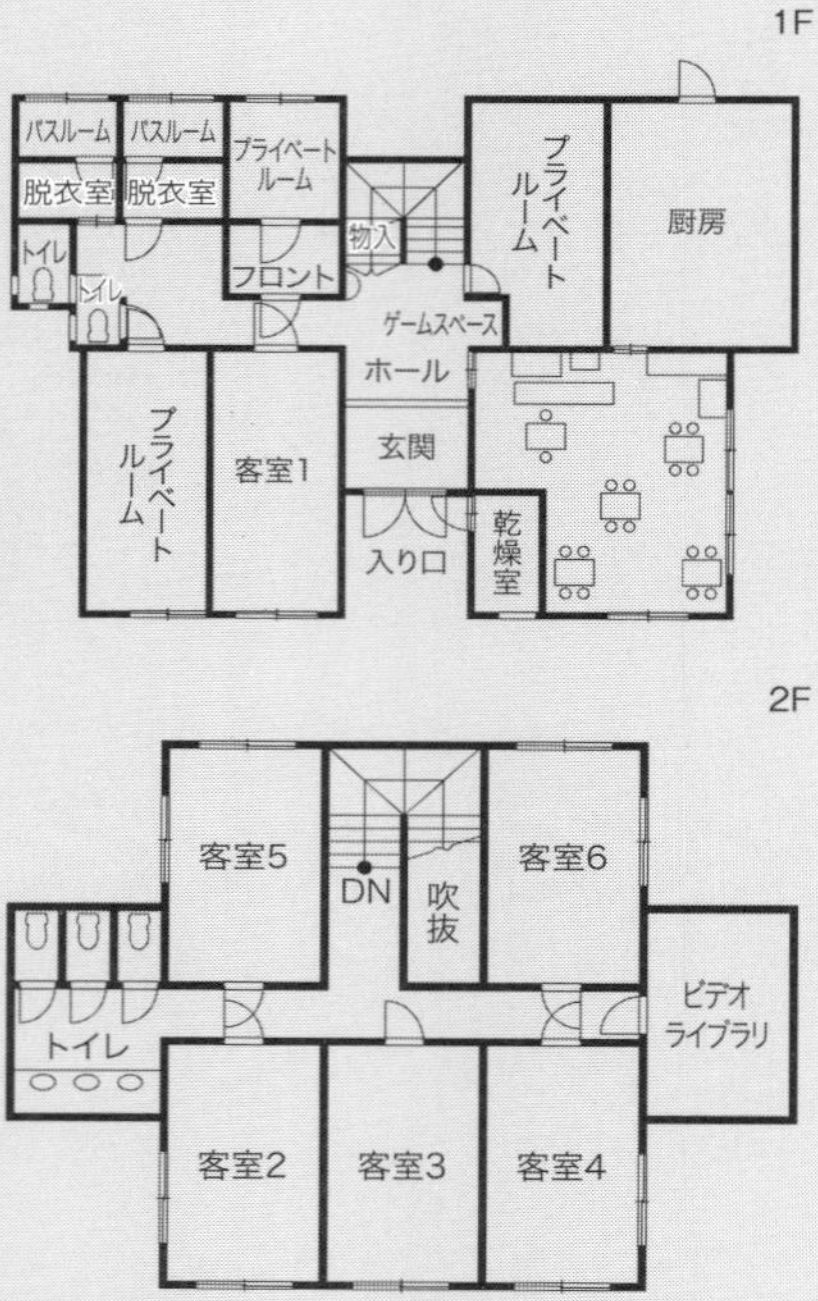

全体の内装はシンプルで、フロントを中心にそれぞれを結ぶ動線もすっきりとしている。2階の客室は通路を挟んだ両脇にあり、一般的なペンションやホテルなどによく見られるスタンダードな配置だ。

いと思うので、地元の食材を使った料理を味わっていただき、おいしいものがたくさんあるということをもっとアピールしていきたいですね」

また、近所で農家を営むお客さまとの縁で、宿の閑散期に田植えを手伝ったりと、地元の人々との交流も積極的に行っている。

お客さま同士が楽しむ夕食後のバータイム

スキーや釣りと多くの観光客で賑わう場所だが、やはり冬場の苦労はひとしお。

「積雪対策には毎年悩まされます。基本的には1人で毎日のように除雪作業を行うので、体力的にもきつく、想像していたより大変でした。除雪機が壊れて修理が必要になったり、軽油代もかかってしまいます」

自然の厳しさとどうやって付き合っていくかも心得ておかねばならないといえるだろう。

「スクリーン」では、夕食後に設けているバータイムで、ベルギービールの飲み比べなどを行っている。さまざまな種類を皆で分け合ううちに、初対面のお客さま同士でも打ち解けてしまうのだとか。
また、「ベルギービールと世界のチーズを楽しむ夕べ」と題したイベントも盛況に終わり、今後もお客さまに楽しんでもらえるイベントを多く行っていこうと企画中だ。

*Owner's Choice

観光資源を生かせる楽しみ方の提案を

ビール好きということでビアテイスターの資格をもつ佐藤さんだが、食以外に趣味も幅広い。猪苗代湖ではジェットスキーやヨットなど楽しめるが、佐藤さんもスポーツ好きが高じて、ウェイクボードや船舶免許の取得、トライアスロンとさまざまなものにチャレンジしている。

こうしたオーナーの好奇心や趣味の広さは、とくに観光資源に恵まれた立地にある宿にとっては大きなプラスになる。お客さまの興味に合わせて会話が広がるほか、何を楽しんだらよいかわからないという方へ提案やアドバイスをすることも可能だ。自分の体験を交えて話すことで安心もしてもらえる。

単に泊まる場所の提供でなく、そこにエンターテイメント性が加わることで、新たな宿の可能性も広がっていくはずだ。

カラフルなビール詮もコレクション。オーナーの似顔絵入りのメニューなど視覚的な演出も心がける。

レストランを入ってすぐの左側には厨房とカウンターがあり、お客さまはカウンター越しに料理をするシェフの姿も見ることができる。

それぞれの味を引き立たせるため、メーカーごとに異なるというベルギービールのグラス。「スクリーン」のグラスコレクションは120種類あり、お客さまの目も楽しませる。

＊開業資金の内訳

開業準備金（コンサルティング会社を利用）	2,000,000円
改装費（ごみ処理など）	300,000円
備品・什器費	300,000円
仕入れ費	200,000円
販促費	400,000円
運転資金	2,800,000円
	計6,000,000円

*DATA

Belgian Beer　オーベルジュ スクリーン

住所／福島県耶麻郡猪苗代町字不動34-10
TEL／0242-62-5811
客室数／6室
IN／15:30
OUT／10:30
定休日／なし
料金／11,500円～（1泊1人につき）
URL／http://www.p-screen-de-cinema.com/index.html

オーナーからのメッセージ

「理想と現実の違いや苦労、楽しさなど、やってみてはじめてわかることも多いと思います。いろいろ迷うこともあるでしょうが、とりあえず飛び込んでみる気持ちも必要です。思い切ってチャレンジしてほしいと思います」

COLUMN*

全国各地からの
旅と宿の情報源

人気の宿の理由と
業界動向・消費者意識を知る

飲食店や小売店などと違い、宿泊施設の場合は、気軽に泊まるにはお金がかかる。
全国各地の人気宿の情報については、インターネットや雑誌などでも入手できるが、
自分の宿にとって必要な知識・情報は独自に調べるしかない。
そこで、おもな情報源として活用できそうなものをまとめてみた。

WEB SITE

最新ニュース

All About「日本の宿」

ツーリズム・マーケティング研究所主任研究員などを務める井門隆夫さんが日本の宿と業界の話題を紹介。旅館の朝食、温泉の安全管理といった細かな目配りの利いた読み応えのある記事が満載。
http://allabout.co.jp/travel/yado/

週刊「観光経済新聞」

旅行業、旅館・ホテル業などに関する最新ニュースが入手できる。ほかにも地域観光、商品・設備といった情報や、「観光業界人インタビュー」「旅館経営再生塾」「ネット時代の集客戦術」といった経営ノウハウの連載コラムが見逃せない。
http://www.kankoukeizai.com/

参考資料

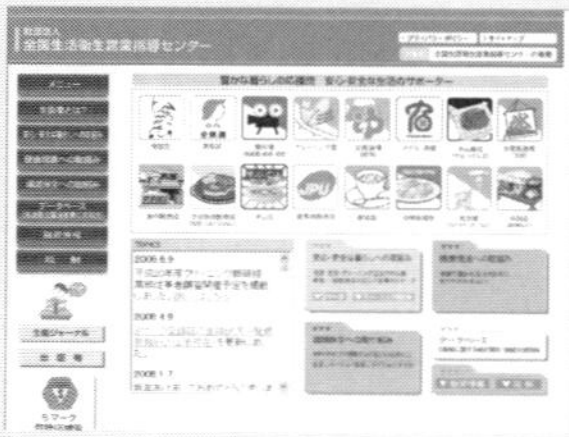

全国生活衛生営業指導センター

宿泊施設、理美容業、飲食店営業などに関わる「生活衛生関係営業」の振興と経営の安定のために指導にあたる公益法人のサイト。行政施策、動向調査、統計資料が豊富だが、経営アドバイスの一環として各業界ごとの動向や経営のポイントがわかりやすい。
http://www.seiei.or.jp/

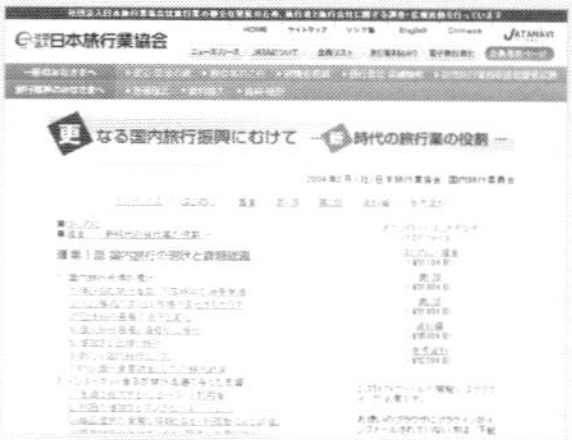

日本旅行業協会

国内旅行の需要動向に関する調査や、50歳以上の旅行スタイルについて聞いた消費者モニターアンケートなどの資料・統計類が充実している。各種様式・業務用資料を購入したりするのにも便利で、旅行業の登録申請、登録行政庁リストなども役立つ。
http://www.jata-net.or.jp/

国土交通省
「発見！観光宝探しデータベース」

国交省のホームページは観光政策、地価公示価格などの情報源としても重要だが、このサイトは「耳に心地いい」「元気が出る」「心がなごむ」といったキーワードや、地域のトピックスを頼りに魅力ある地を見つけるというユニークなもの。移住＆宿の立地探しの参考に。
http://www.kanko-otakara.jp/jp/index.html

BOOKS & MAGAZINES

全国宿ガイド

「至福の湯宿」
丹羽尚彦・著　発行／南々社
定価／1,470円（税込）
All Aboutスーパーおすすめサイト大賞2004「旅行・レジャー」チャネル賞受賞。70万アクセスを誇る人気サイト「至福の温泉 タビエルの宿」を書籍化。上質なもてなしと湯、食がそろった幅広い38軒の宿を紹介している。

「スローフードな宿」
門上武司・著　発行／木楽舎
定価／1,680円（税込）
香川県・小豆島「島宿 真理」など、1泊2食1万5,000円までの、豪華ではなくてもスローな宿28軒の宿泊レポート。雑誌『ソトコト』に連載されたもので、おいしそうな海や山の幸が登場。

「心を癒す自然の宿」
シンラ編集部・編　発行／新潮社
定価／1,260円（税込）
ナチュラル・ライフをテーマにした月刊誌『SINRA』（休刊）の連載記事を再編集。北海道から沖縄までの40軒の自然に抱かれた宿のなかには、「カントリーイン・キャンプ」（42ページ）も体験教室ができる宿として登場。

旅館と地域づくり

「黒川温泉のドン～後藤哲也の再生の法則」
後藤哲也・著　発行／朝日新聞社
定価／1,260円（税込）
町を挙げての温泉地づくりについて、樹木1本の植え方にはじまるこだわりや、旅行客を呼び込むための工夫など、改革の道筋を振り返る。温泉協会との確執を乗り越えるまでの「観光カリスマ」の一代記。

「旅館物語～オンリーワンの宿を夢見て」
大野修・著　発行／柴田書店
定価／1,470円（税込）
山村の生活文化を再生する鹿児島・妙見温泉「忘れの里 雅叙苑」、火事による全焼から立ち直った青森・乳頭温泉「鶴の湯温泉」など、6つの旅館経営者が夢をもって取り組んできた物語を紹介。

月刊「ホテル旅館」
発行／柴田書店　定価／2,100円（税込）
ホテル、旅館をはじめ宿泊業に従事する人のための専門誌。建築デザイン、設備から食事、ホスピタリティに至るまでを写真とともに解説。地域づくりに取り組んでの成功例など、幅広い分野を取り上げている。

ホスピタリティを学ぶ

「リッツカールトンが大切にする～サービスを超える瞬間」
高野登・著　発行／かんき出版
定価／1,575円（税込）
本書を執筆当時の著者は、ザ・リッツ・カールトン・ホテルの日本支社長。「お客さまに感動を与えるには」「従業員が誇りと喜びをもてる職場環境とは」「お客さまの願望を先読みして満たすためのチームワーク」など、サービスの真髄を語り尽くす。

「週末は若女将～「楽しい」を仕事にする私たちの挑戦」
山根多恵・著　発行／メディアパル
定価／1,470円（税込）
24歳のときに老舗旅館の後継者となった著者が、自分のやりたいことがわからず悩み続けたり、不安を乗り越えるまでの気持ちの変化までを書き綴る。旅館業は週休4日、残りは地域のための活動を行っている。

第3章

「食」とおもてなし

お客さまの満足度を高めるのは〈個別対応〉

宿に滞在する人の楽しみは宿泊することだけではありません。

その土地ならではの地場食材を使った郷土料理や家庭料理、都会ではあまり目にしないものや、畑で採れたての新鮮な野菜、港に揚がったばかりの魚介類……。

小さな宿の食事の魅力は、素材自体の味わいと細やかな気配りです。

遅い時間に到着したり、連泊する人のために夕食は用意せずに、併設したレストランや近隣の料理店を紹介するという「泊食分離」スタイルの宿も増えてきています。

スパやアロマ、リフレクソロジーなどで心身を癒す、ホテルライクなサービスも人気を呼んでいます。

利益の出し方

まず「稼働率」を高めるための仕組みをつくってリピーター客を獲得

人件費が少ないぶん利益率は高い

宿の経営を安定させるには、総売上げに対する〈FLコスト〉という適正な数値を達成する必要があります。Fは食材原価、Lは人件費を表し、この2つを足した数値が低ければ粗利率が高く、逆に高ければ少なくなります。食材原価は総売上げの20%くらいに、人件費を30%くらいに抑えるのが基本ベースです。これに経費（水道・光熱費、広告費、減価償却費など）30%を加えて、差し引きした、残り20%が営業利益ということになります。

しかし、小さな宿だと夫婦2人での経営も可能なうえ、スタッフやアルバイトを雇わなければ人件費をカットできるのが強み。利益を上げるには、いかに効率的にお客さまを呼び込む仕組みをつくれるかが非常に大切になるのです。新規客をつかむだけでなく、リピーターとして何度も来てくれるお客さまを獲得すれば販促コストも10分の1程度と少なくなり、売上げを伸ばすチャンスです。つまり一回の宿泊でお客さまに、どれだけ満足感を与えられるかがカギになります。

また稼働率アップとともに、安易に〈固定費〉を増やさないことも重要。たとえば従業員を1人雇ったとして、もし稼働率が下がってしまったら簡単に収益を回復できません。オープン当初は夏休みの一定期間アルバイトを募集するくらいにとどめるべきでしょう。

小さな宿でもリピートしたくなる魅力

宿の売上予測は、〈部屋数×客単価×客室稼働率＝総売上げ〉で求めます。客室稼働率とは、総客室数のうち、どれだけの客室が埋まったかの指標で、国際観光旅館連盟による統計調査では、小旅館（30室以下）の場合、02～04年まで50%

ＦＬコスト、固定費

ＦＬコストは総売上げの55％以内であれば経営状態は安定、60％を超えると悪化状態とみることができる。
また固定費は返済ローンや光熱費、人件費をはじめとした毎月決まった金額の支払いのこと。毎月の支払額の違う食材費などは<変動費>という。

宿泊料金の設定

個人経営宿の宿泊料金のボリュームゾーンとしては、１泊２食付き・１名料金で8,000～20,000円半ばまでの価格帯に需要があると思われる。宿泊料金を設定する際には、同一エリア内で同等レベルの設備、食事、サービス内容の宿が、どのくらいなのかを参考にするといい。

前後で推移。06年は前年度から5ポイント増の58・1％。中旅館58・5％（31室以上99室以下）、大旅館63・3％（100室以上）が伸び悩むなか、上昇傾向にあります。

お客さまが小さな宿にリピートしてくれる要素として、やはり食事の質の向上は見逃せません。豪華な食材や見栄えのいい盛り付け、特別変わったメニューではなくても、わざわざ宿を訪れた甲斐があったと思わせる心配り、目に見えない手間ひまなどにも注目したいものです。

とくに近年は健康志向もあり、安全・安心な食材を求めるお客さまが増加しています。食材の善し悪しはもちろん、信頼できる生産者から仕入れたり、経営者自身が生育・栽培方法までをきちんと理解しておくことも役目のひとつです。お客さまを安心させるためには、有機・無農薬栽培であることを記したり、生産者の顔がわかるように説明するなど、食材の素性が確かであることをアピールしてもいいでしょう。

次のページからは、お客さまにリピートしてもらうための食事や材料の仕入れ、体験教室や旅のサポート、お風呂や「癒し」サービスなどについて、実例を交えて考察していきます。

お客さまを安心させるための食材・食品の条件

1 産地・生産者がはっきりしていること
原産国や産地、生産者など、素性のはっきりわかるものを使用。生産者側の姿勢や責任などを明確にするほか、市場へ出るまでのルートなども理解する。

2 薬品の使用を抑えていること
野菜や穀物では、どれだけ農薬を使用したか、肉や養殖魚では、大量飼育を維持する抗生物質や飼料にどの程度、薬剤が用いられたかを知ることが重要。

3 新鮮であること
収穫、出荷してから市場に出るまでの時間が短いほど、鮮度は高い。見た目や匂いなどでも判断しながら、できるだけ出荷されたばかりのものを仕入れたい。

4 添加物を使用していない
保存料や着色料などが入ったものなど、加工品にはよくあるので注意。食感や舌触りをよくするために使用されていることが多いため、加工の過程が見えにくい輸入品などは要チェック。

5 遺伝子組み換え作物でない
現在、遺伝子組み換えの国産品はないはずだが、輸入野菜や家畜の飼料に使われている場合もある。遺伝子組み換えを避けるには、輸入ものを原則使わないように気をつけること。

6 なるべく国産食材を選ぶ
輸入食物は長い時間・距離をかけて移動するため、添加物や保存料が入っている可能性がある。また、市場に出るまでのルートがわかりにくく、日本で禁止されている薬物が使われていることがないとはいいきれない。

CASE STUDY

栃木県・那須にあるオーベルジュ「二期倶楽部」（エキストラベッド8,085円／レストランタ食13,200円～）では、直営の畑「キッチンガーデン」で採れた有機野菜を提供。畑を専門に管理する担当者がおいしい品種づくりに励んでいる。

有機野菜とは
化学合成農薬、化学肥料、化学合成土壌改良材を使わないで3年以上を経過し、堆肥などによる土づくりを行った場において収穫された農産物。国が認めた登録認定機関によって認定を受けた農産物のみ「有機JASマーク」が付けられ、表示も可能になります。

感動を与える食事

昔ながらの囲炉裏、旅館のダイニングなどお客さまの期待を上回る「食の醍醐味」

〈おいしい演出〉も味のうち

最近は素朴な郷土料理、名物料理など、特産品をその地で味わうことに興味がもたれています。たとえば秋田県・乳頭温泉郷の秘湯の宿「鶴の湯温泉」（1泊2食／8550円〜）では、各客室にある囲炉裏（いろり）を囲んで名物の「山の芋の鍋」などに舌鼓を打ちながら、名物・イワナの骨酒も楽しむことができます。日常を忘れてふるさと体験をしているような気分に浸りながらの食事が、秘湯でなければ得られない喜びになっているのです。

また一方で、近年は旅館や民宿でも、来館時のお茶のサービスが落ち着かないという声や、〈部屋食〉を嫌うお客さまが少なくないのも事実です。プライバシーを乱されたくない、食べ物によっては室内に臭いがこもったりするというのが理由です。山形県・鶴岡市の湯田川温泉「湯どの庵」（1泊2食／1万2500円〜）では、館内に照明を落としたダイニングルームと4つの個室を用意。「寒鰤のどんがら汁」、梅とタケノコの「もうそう汁」、名物ハタハタなど、周りを気にせず食せると好評です。

ホテルではルームサービスに応えるのが一般的ですが、旅館や民宿などではあまり見かけません。そこで、お客さまが夕食を済ませて布団の敷かれた客室に戻ったときに、お酒のおつまみやドリンク、デザートなどが書かれたメニューが置かれていたら、タイミングのいいサービスになるかもしれません。

五感に訴えるプレゼンテーション

料理だけでなく、食事をする雰囲気づくりなどの演出も重要です。たとえば、鉄板、網で肉や魚を焼いて、焦げ目がつくまでや、鉄鍋を囲炉

部屋食
食事や飲み物などを客室に運ぶサービスのこと。部屋出しを嫌うお客さまも増えているが、宿側も別にダイニングを設けたほうがサービスがしやすく、労力も軽減される。

地産地消
地域生産された農水産物を、その地域で消費するというもの。産直がブームとなっている現在、とくに産地の近くで宿を開業する場合、付加価値として地元の食材をふんだんに取り入れるという傾向も見られる。

裏にかけ、グツグツと煮込むなど、お客さまの目の前で、料理が仕上がるまでの過程を見せることで味の期待は膨らむでしょう。とくに囲炉裏は、中高年層には昔懐かしい雰囲気が食欲をそそり、若者層には新鮮に映るため、人気があります。

山梨県・小淵沢の「古守宿 一作」（1日1組限定 1泊2食／1万5000円～）では、周囲の畑で採れた野菜、山菜などを一つずつ説明、そのあと煮物や天婦羅にして提供しています。囲炉裏料理をはじめ、かまどで炊くご飯も口コミで広がり、また、田畑を眺めながら日本酒を傾ける宿としても人気です。日本料理の料理長をしていたという主人の料理は、手間ひまを惜しまず素材の持ち味を生かしたもので、味わいのある古い器に盛り付けられた美しさも評判になっているようです。

宿の滞在の大きな楽しみである食事。たとえば地方に来るならお客さまはその土地にわざわざ訪れるだけの期待感をもっているはず。都市部で目にしない珍しいものや、地元ならではの食べ方などの説明を添えることで、より興味深くお客さまの五感に訴えかけ、長く印象に残るのです。

これだけは必要な厨房設備

ガスコンロ
煮物や炒め物など、調理するうえでもっとも活躍する。頻繁に使用するため、火力の強さや自分にとって使いやすい高さか、十分確認して選びたい。

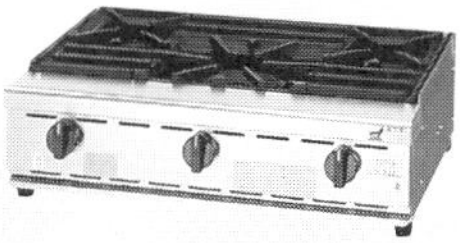

コールドテーブル
天板が作業台になっている冷蔵庫。小規模なキッチンでもムダなく使える。

オーブン
じっくり火を通すグリル料理に必要なオーブン。強い火力が必要であればガス式、安全性を求めるなら電気式を選ぼう。

炊飯器・釜
米をもっともおいしく提供するためにこだわりをもちたい。炊き加減にこだわるなら、専用釜を用いたい。

電子レンジ
野菜などの下ごしらえが簡単にできるので便利。そのほか、利用できることが多いので重宝するはず。

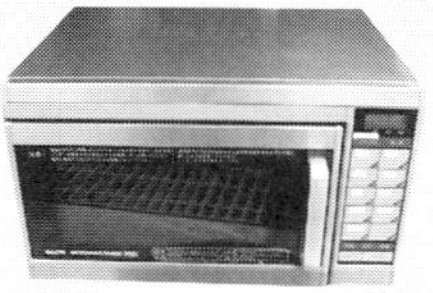

冷凍冷蔵庫
食材の鮮度を保つために必須。調理前の食材、下ごしらえのすんだ食材なども保存できる。内部が広くて使い勝手の良いものを選ぶ。

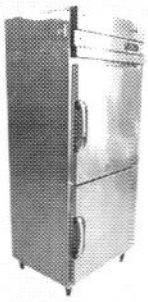

Point
厨房設備は宿の収容客数、食事メニューの内容によっても違う。さらに、食材の仕入れ頻度や在庫管理によって冷蔵冷凍庫を大型のものにする必要も。1日に1～3組までの限定数にするような宿なら、家庭用に近い設備でも間に合うことが多いようだ。（写真協力／テンポスドットコム　http://www.tenpos.com/）

食材の仕入れ

「安くて良質」なものを仕入れてコストを考えたムダのない在庫管理を

複数の業者から相見積もりをとる

宿泊料金のうち、食材原価は一般に15〜20％程度といわれています。もちろん、この比率が高くなればなるほど粗利は少なくなるので、より良い素材を仕入れることを考えながらも、コスト計算をしなければなりません。高価で品質がいいだけでなく、安くて良質な材料を見つけるのが宿経営のポイントです。

旅館業をはじめ、多角的な経営コンサルティングを行う株式会社飯島綜研が調査した「平成19年度旅館の食材・調味料仕入価格実態調査」の「生鮮食品の仕入れ価格の決定法」によると、「つねに複数の業者から相見積もりをとって決定している」（37％）、「調理長に任せている」（22％）、「市場と照らし合わせて決定している」（20％）という順になっています。この結果からもわかるように、業者との付き合いを密にしたり、市場に足を運ぶなど、仕入れ先の検討を繰り返しながらコスト削減を考える――そんな細かい目配りも必要。複数の業者を知らない場合は、ひとつの業者に頼らず、インターネットで食材卸サイトを使う方法もあります。

生産者と直接取引するには熱意が必要

生産者と直接取引するには、まず購入したい農家や漁師のもとに出向き、交渉をもちかけます。その際に大切なのは、相手の仕事への理解を深めること、そしてコミュニケーション能力です。自分が宿を経営して間もない（あるいはこれからはじめる）ことを伝え、その食材をなぜ使いたいのかなど、誠意をもって話します。なかには生産のいろはを学ぶために、野菜の収穫を手伝ったり実作業を体験することで分けてもらうという例もあります。

相見積もり
複数の業者から見積もりを取ることによって、相場や適正価格が見え、コスト削減につなげることができる。

余った食材を生かす
もし夕食で使いきることができなかった食材は、たとえば翌朝おにぎりの具材にして、チェックアウトのお客さまへのちょっとしたサービスに生かしてもいい。

ただし、価格や労力の面ですべて地のものに頼ることは難しいかもしれませんし、別の土地から移り住み、宿を開業したばかりの者に地元の業者が気軽に応じてくれるとはかぎりません。たとえば、伊豆に開業した某オーベルジュでは、市場である食材を仕入れるまでに数年越しの交渉を続けたという例もあります。とくに地方の業者間には、しがらみや義理、金銭関係抜きの付き合いを大事にする傾向があり、まず新規参入者はこの関係をつくるための努力が必要になることが少なくありません。

しかし、一度信頼関係を築いておくと、別の生産者を紹介してくれたり、希少な素材が入荷した際に教えてもらえる可能性もあります。こういった交渉の煩雑さを楽しめるくらいの度量をもつことも大切です。

仕入れた食材は在庫管理をしっかりしないと、風味を落としたり、加工食品は賞味期限を過ぎるなど廃棄ロスを生じる原因になります。さらに過剰仕入れをしないようなメニュー構成を考える必要もあります。小さな宿の場合、なるべく在庫をもたないよう毎日仕入れをしたり、冷凍食品は少し多めに仕入れるなどの工夫も検討してみるべきです。

おもな食材卸サイトの利用方法は？

インターネットで欲しい食材を検索して仕入れが行えるだけでなく、業者紹介サイトを利用すれば、全国の生産業者と仕入れの交渉や契約することも可能だ。ネット上でカタログを閲覧できるものもあり、自分が利用しやすいものを比較検討してみること。

■ 食材仕入ドットコム

http://www.shokuzaishiire.com

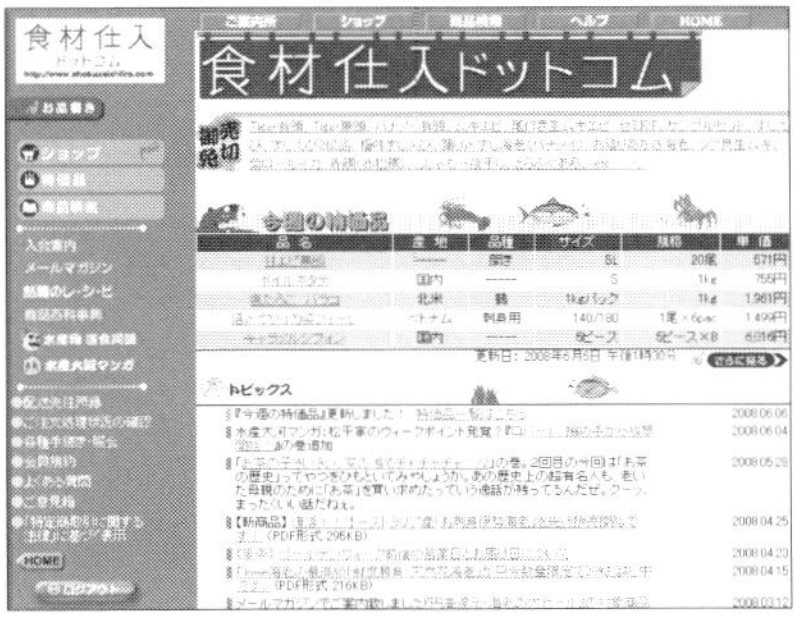

業務用食品を専門に冷凍魚介類などの水産物や生鮮青果、肉類、米などの農畜産物なども取り扱っている。とくにエビに関しては日本に輸入されている主要種の90％という品ぞろえ。注文品は、配送のほか、築地や指定冷蔵庫での引取りも可能。

■ にっぽん地魚紀行

http://www.j-sakana.jp

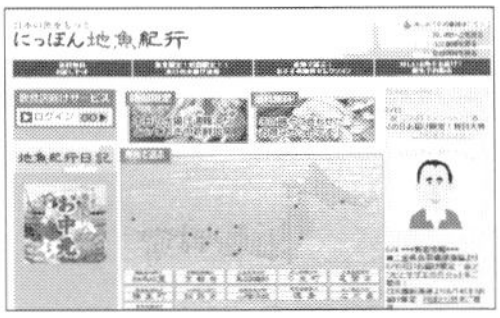

全国16カ所の漁協と提携し、その日の朝に水揚げされた地魚を写真で紹介、好みの産地を選んでオンライン注文すれば、翌日（一部地域を除く）産地から届けられる。個人経営店でも産地直送の仕入れが可能だ。

■ 飲食店の仕入総合ネット　タスカル

http://www.tasucall.com

飲食店を対象とした、業務用総合食材＆資材のカタログ通販を行っている。ネット上でデジタルカタログを閲覧し、電話かFAXにて注文することもできる。また、飲食市場相場動向についての情報も配信。

■ 食彩ネット

http://www.syokusai-net.com

飲食店向け業務用食材を取り扱い、水産、農畜産物や加工品以外にも調味料から消耗品、厨房用品とアイテムは5000以上。オンライン注文のほか、カタログを見て電話かFAXでの注文も可能。

食事・メニューづくり

つくる人の「思い」が込められたストーリー性のある食事・メニューを

宿の経営を左右する食事・メニュー

2004年、国民生活金融公庫の行った小規模な宿経営の問題点として挙げられたのが「顧客数の減少」「客単価の低下」。そして、その対策として寄せられた結果（複数回答）を多い順に見てみると、「食事・メニューの工夫・開発」（59・7％）、「従業員の教育・接客サービスの充実」（52・7％）、「施設・設備の改装」（50・5％）と、とくに「食事・メニュー」が大きなウエイトを占めていることがわかります。

大・中規模の宿なら専門の調理人を雇い入れることも可能ですが、人件費に制約のある小さな宿では主人自らが厨房に入るのが普通です。しかし、たとえ調理技術では劣る素人でも、素材にこだわる、ひと手間かけるなどその人の「思い」が込められていればお客さまにも伝わるはず。満足してもらうためには工夫と独創性が不可欠です。

たとえば、香川県・小豆島の「島宿 真里」（1泊2食／1万7000円〜）では、土地の醤油づくりの伝統を生かし、地の魚介類や野菜を宿オリジナルのもろみ醤油などでアレンジしたユニークなネーミングの「しょうゆ会席」を提供。近くには「醤（ひしお）の郷」という、昔ながらの黒板塀の醤油蔵と佃煮工場が軒を連ねているエリアがあり、オリーブと並ぶ食の特色を生かした観光の目玉にもなっています。

また、山梨県にある一軒宿「船山温泉」（1泊2食／1万5000円〜）では、イノシシやイワナなどの山と川で取れた食材を使った〈脱旅館料理〉をモットーにしています。主人は顧客アンケートで生の声を聞くほか、月に数回さまざまな飲食店や宿に足をのばし、設備投資やサービス改善のヒントにしたり、メニュー開発へフィードバックさせています。

メニュー開発

人気の宿ではメインのメニューだけでなく、サイドメニューやデザートなどにもこだわりをもつところが多い。ベルギービールに合う創作フレンチで人気の「スクリーン」（82ページ）では、見た目に美しく、女性にも好まれるスイーツを考案している。

家族や子ども連れが多い場合は、子どもにも喜ばれるようなメニューや年配者に別メニューとして食べやすいものや味付けにも配慮したものなどを用意しておくと喜ばれるだろう。

お客さまの選択肢を広げる工夫

宿の食事はあらかじめ献立が決まっていて自由に選択できないという場合がほとんどですが、メインとなる料理は肉と魚からチョイスできる、あるいは魚料理は焼き物、煮物など調理法を選べる、量を選べるスタイルにしてほしいなどという声に応える宿や、3連泊までは毎日異なる食事を提供するなど、お客さまを飽きさせない工夫を行っている宿もあります。

また、なかには予約すれば、グレードアッププランとしてより贅沢な食事を用意したり、オーベルジュでは和食に洋のテイストを混ぜるなど、幅広いニーズに応える動きが見られます。

1日1~3組のお客さまに限定する宿の場合、たとえば郷土料理の調理法を教えてほしいという希望があれば、厨房で夕食づくりの手伝いをしてもらったり、宿の畑で一緒に野菜を収穫しても食事をよりおいしく感じさせるでしょう。醤油や味噌など、その土地ならではの調味料のつくり方を伝授する宿もあります。お客さまとのコミュニケーションも深まり、リピーターとなってくれることも少なくありません。

食事に託された宿オーナーの思いを味わう

「地鶏のササミ、肝の刺身」

美山粋仙庵（P.34）

仲間と楽しみたい豆乳鍋、汲み上げ湯葉と地場野菜、美山地鶏のハーモニーは、かつてオーナーが働いたことのあるポルトガルの天然塩で。厳選された鶏の新鮮なレバー、コリコリとした歯ざわりのタンノウ、シンゾウは呑兵衛にはたまらない味わい。

「水菜の手前みそわさびドレッシングサラダ」

カントリーイン・キャンプ（P.42）

味噌はオーナーの妻・朱美さんが毎年仕込んでいるもの。体験教室の一環として希望者とともにつくることもあり、宿泊客との話題にもなっている。

「旬のシャキシャキサラダ」

オーシャンリゾート・ボンダイ（P.26）

母親が趣味でつくっていた無農薬野菜を食べて育ったオーナーだが、いまの宿のメニューを自家栽培でそろえるのは難しい。そこで近所の農家で最も無農薬栽培に力を入れている農園で、野菜と米を直接買い付けている。

泊食分離

お客さまの多様なニーズに応える新しい食のかたちで連泊を促進する

食事の選択幅を広げる宿の試み

宿の〈宿泊〉と〈食事〉を分ける営業形態のことを「泊食分離」といいます。近年はこのスタイルをとる宿の需要も上がってきており、国土交通省で06～07年にかけて地域復興事業の一環として全国8地域で実施した試みでも、泊食分離化したことによる連泊客の増加が見られました。地域のレストランにも波及効果が見られ、地域再生にも役立つという見方がされています。

お客さまにとっての利点は、遅い時間に到着するので食事は不要、連泊するので同じメニューを避けたい、多彩な食事を楽しみたいといったときにも利用しやすいことなどが挙げられます。

たとえば長野県・軽井沢にある旅館「星のや」では3タイプのレストランを併設。そばや定食などを中心とした1000円前後のリーズナブルなメニューを提供する食堂と、フルコースが8400円～というフレンチレストラン、信州牛などを扱い、1万2600円のセットメニューからそろえる日本料理店と、レストランのグレードや内容を変えて、お客さまに幅広い選択肢を委ねています。

軽井沢という土地柄、周囲にレストランも多く、提携店を地図付きで紹介したり、ホテルからお店に予約の電話を入れるサービスを行うなど、お客さまが快適に食事できる体制を整えているのです。なお、「星のや」は予約の時点から2泊以上を原則としていることもあり、連泊を促進させるためにも、飽きのこない食事提供スタイルは必須といえます。

館内にレストランを併設し、ランチを楽しめるようにする宿もあります。京都の「柚子屋旅館」はチェックアウトからチェックインまでの空き時間を有効活用。柚子に関連した懐石料理、鍋物、雑炊膳などを出し、ランチタイムは外部のお客さ

国土交通省の地域復興事業
長崎県の平戸、宮城県作並温泉の宿泊客が宿を問わずに食事できるシステムを、静岡県舘山寺温泉の限定された旅館や飲食店で外食できる企画など、全国8地域の宿で泊食分離の促進が行われた。

まも利用でき、店内は賑わっています。

料理の料金は宿泊料の20〜35%が目安

泊食分離にする宿のメリットとしては、食事に必ずしも特色をもたない場合、露天風呂など、ほかのサービスや施設に資本を集中できるという点です。また、都市部や観光地には飲食店が多く、食事は別の場所で味わいたいというお客さまもいるでしょう。たしかに食を分離したぶん、宿の総売上げは減るかもしれませんが、食に関心の高い人は本格的なディナーをレストランで楽しめ、グレードアップした設備を利用しやすくなれば、お客さまの幅も広がり、宿の強みとなるのです。

全国にリゾートホテルをチェーン展開する「四季倶楽部」では夕食を選択性にして、基本的に1泊朝食付き料金5250円で提供。3150円をプラスすれば夕食付きに変更できるというシステムをとっています。

1泊2食付きの宿泊費では内訳が不明瞭ですが、泊食分離にすると、食事の料金が明確になるので、わかりやすい料金体系も魅力のひとつとなっているようです。

清里高原「ハットウォールデン」の泊食分離

「ハットウォールデン」敷地内概要図

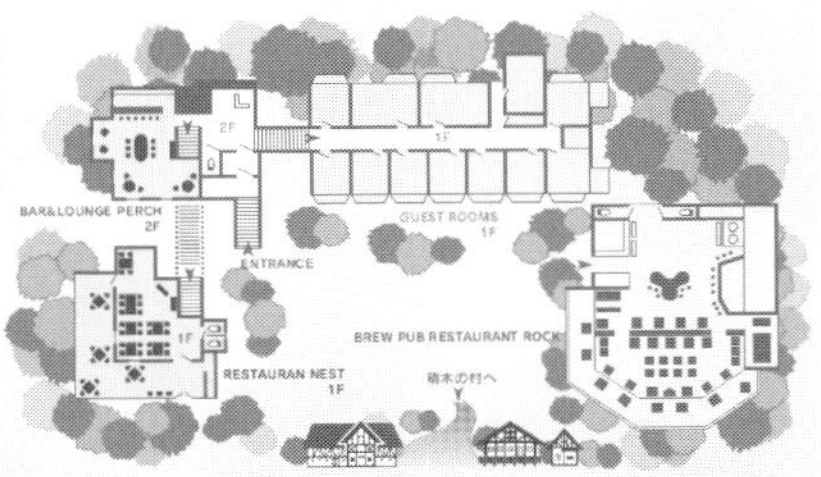

森のホテル&パブレストラン
工芸品の制作・体験工房や飲食店などが集まる「萌木の村」内のプチホテル「ハットウォールデン」。ホテル敷地内には本格コースの味わえるレストラン「ネスト」、カジュアルな雰囲気で地ビールが味わえる直営パブレストラン「ロック」がある。

直営パブレストランと連携
ディナーは「八ヶ岳コース」「清里コース」「萌木コース」「ロックコース」と、それぞれ好きなコースから選べる。「ロックコース」ではカレーやピザ、パスタなどが地ビールとともに食べ飲み放題で楽しめる。

「八ヶ岳コース」より

こだわりの食材をアピール
レストラン「ネスト」では、地元の豊富な食材を生かした清里ならではのメニューを提供。なお、それぞれの食材については詳細を「ハットウォールデン」のホームページにて紹介している。

レストラン 「ネスト」

自慢の地ビールは地元でも人気
もともとは1971年に喫茶店として開業。地元の人々からも愛されるパブレストラン。ホテルでウェディングが行われる際は2次会で利用されることも。ソーセージづくりの体験も行っており、おみやげとしても人気。

パブレストラン 「ロック」

体験教室、旅のサポート

「アウトドア体験」「ものづくり」など、その土地ならではの旅の楽しみを提案

滞在の楽しみの一つに「○○体験」を

日常を離れた宿に滞在するついでに、アウトドア体験やスポーツなどのアクティビティや、自然のなかで森林浴や散策をしたい、などの目的をもって宿を探す人も多いもの。とくに海・山のペンションや民宿のオーナーは、自然のなかでの暮らしや遊びに通じていると期待されているので、何かサポートできるようなジャンルをもっていると喜ばれます。たとえば、釣り客が期待できる海辺や湖畔、川辺の宿なら、早朝や宿泊客のいない日に釣り竿を振ってみて、ポイントを知っておくだけでもお客さまにとって心強い情報源になります。

経験があまりない場合は、地元のスポーツショップ（インストラクター）と協力関係を築いておき、お客さまを紹介するという方法もあります。宿のホームページに簡単な紹介とリンクを張っておくだけでも宿選びのポイントになります。

そのほかにも、特技を生かしての陶芸・木工などのものづくりや、地元農家に協力してもらっての田植えや野菜の収穫といった農業体験も人気があります。こうした体験メニューは、お客さまを飽きさせない工夫ですが、本来一過性のお客さまをリピートさせる〈動機づけ〉になり得る点からも有効です。たとえば、田植え後に稲の生育状況を写真に撮ってポストカードを作成し、郵送しても喜ばれるはずです。

そのほかに資金に余裕があれば、宿によっては能を舞ったり、演奏会も開ける専用施設を設けるなどの例もあります。

旅を印象深くするサポートも必要

地方の小さな宿を目的とするお客さまの傾向の一つに、観光客の多い周辺スポットに出かける

ライブラリ

宿のライブラリも昨今では、さまざまなものがある。キッズスペースには絵本や玩具、また一般書店も顔負けの洋書、写真集をセレクトしたり、ＤＶＤの貸し出しを行う宿では映画やゴルフなどを客室で観賞してもらうなどの工夫が見られる。また、マンガ喫茶のようにずらりと新旧のマンガを並べるなど、オーナーの趣味がそのまま出ているところも多く、宿の個性にもつながる。

よりも、何もしないでゆっくりくつろぎたいという側面があるのではないでしょうか。しかし、せっかく来てもらったからには、土地の良さも知ってほしいもの。観光ガイドには載っていない、静かな浜辺や素晴らしい景観のポイントなどに案内すれば、旅のいい思い出として残るはず。

　繁忙期には難しいでしょうが、オフシーズンの宿泊客をクルマで案内したり、一緒に遊んで楽しむという宿もあります。一般の観光客に知られていないスポットがないか、宿をはじめるまでに見つけておきたいところです。

　とくに海や山に近い宿の場合、お客さまの楽しみが天候に左右されやすい面も見逃せません。海水浴目当ての家族連れを迎えたのに、あいにくの雨天で申し訳ない気持ちになるという声もよく聞かれます。

　リビングにギターやピアノを置いて、オーナーとお客さまが一緒に音楽を楽しんだり、ライブラリで本を読んでもらったり、プラネタリウムを貸し出して室内で星空観察をしてもらうなどのサービスもあります。予約の時点で「体験したいことがあったら、お気軽に声をおかけください。できる限り対応いたします」などと伝えてもいいでしょう。

おもな体験プログラム

大人から子どもまで楽しめるものやイベント的に行われるもの、チャレンジ体験ものなど、じつにさまざまなものがある。自分の宿に合うものを探そう。

農業体験	田植え、稲刈り、野菜の収穫、フルーツ狩り、牛の乳しぼり、羊毛刈り、お茶摘みなど
林業体験	キノコ・山菜狩り、炭焼きなど
漁業体験	磯釣り、地引網漁体験など
ふるさと体験	昔ばなしや民話を聞かせる、けん玉・竹馬など昔の遊びを体験など
手づくりフード体験	そば・うどん打ち、バター・ジャム、こんにゃく、豆腐、ハム・ソーセージづくりなど
自然体験	森林散策、ホタル鑑賞、昆虫採集、天体観測、川遊び、野鳥観察、かまくらづくりなど
クラフト体験	竹・わら細工、草木染め、藍染め、陶芸、ガラス工芸、トンボ玉、彫金、和紙すきなど
スポーツ体験	スキー・スノーボード、乗馬、カヌー、サイクリング、登山、ハイキング・トレッキングなど

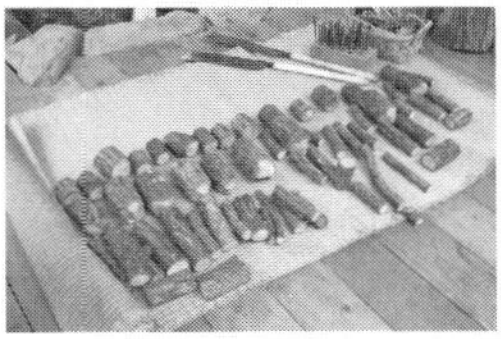

お客さまが何を求めて来るか？投資に見合った効果が得られるかを考える

温泉、露天風呂をつくるには

温泉や露店風呂も宿の楽しみのひとつに挙げられます。もっとも、地域によっては新規に温泉風呂を設置しようとする場合、温泉権を所有している組合に属して、温泉権を賃貸借し、源泉を流してもらう契約を交わさなければなりません。しかし実際は、新規参入者には難しいようです。

個人経営の場合、源泉からの配管を分岐させ、さらに館内の配管を新設したり、源泉かけ流しとするなら、かなりのコストを要することになります。

現実的な方法としては、すでに廃業した温泉旅館を譲り受ける、もしくは温泉権付きで売買されている中古ペンションを購入するなどですが、温泉でなくとも、眺望を生かした空間演出などで楽しいひとときを提供している宿も少なくありません。小規模な宿なら源泉にこだわる必要もないでしょう。

たとえば、静岡県・伊東市の「月のうさぎ」（１泊２食／４万４２５円～）では、全客室に露天風呂があり、浴槽は５～６名が入れるほどの広さ。丘のうえから眼前に雄大な海と、その上に浮かぶ大島を望むことができる極上のプライベート空間を堪能できるのです。

オーシャンビューならずとも、川のせせらぎを間近にしたり、庭の緑を眺めながらのお風呂も人気です。各客室に露天風呂を設けたり、土地の広さに制約がある場合でも、お風呂を最大限のスペースで設計するという方法もあります。

露天風呂の工事費は、１～２人入れる程度の桶風呂のような浴槽だと１００～２００万円ほど。土を掘って設置する岩風呂などでは数千万円とさまざまです。一般の工務店でも請け負っていますが、温泉地であれば露天風呂を施工する専門業者がいる場合も。

まずは、それだけの先行投資をして、宿が求

温泉権

温泉権とは、温泉源を利用するための権利のこと。温泉を引湯して利用する場合も必要。取引の対象としても重視されている。07年秋、改正温泉法が施行され、10年ごとに源泉の成分分析を行うことなどが決まっている。

めるお客さまが来てくれるかという点を考えるべきでしょう。

日常の疲れを癒すサービス

エステやスパ、各種マッサージなどのオプションを用意し、お客さまに癒しを感じてもらう宿も増えています。スタッフのなかにアロマセラピストの資格取得者や、リフレクソロジーなどを習得した人がいれば、宿のコンセプトに合わせて提供してもいいでしょう。また、予約があったときだけ外部のエステティシャンやマッサージ師に出張してもらうという方法もあります（この場合、紹介料として、お客さまの支払った施術料の10〜15%くらいが目安）。

ただし、本格的なマッサージルームやエステルームは付帯設備が多く、余分な広さ、資金も必要となります。1章で紹介した「オーシャンリゾート・ボンダイ」のようにダイニングのテーブルを移動してスペースをつくったり、客室で施術を受けてもらうのが現実的です。

なおマッサージ師などは、たいていの温泉地では地域で契約している業者が手配しているため、組合に相談して紹介をお願いすることもできます。

心もからだも快適な内風呂

美山粋仙庵（P.34）
木の温もりに包まれて
窓が大きくとられ、美しい山々を眺めながら湯に浸かれる。新緑や紅葉、雪景色と四季折々で色を変える景色は、毎日見ても飽きがこない。

マチャン・マチャン（P.10）
ハイビスカスを眺めながら
こぢんまりとした風呂だが、奥に窓を備えて開放感を。目線の位置が低いので、窓から見える花々を下側から眺められるのはおもしろい。

接客・もてなし

予約時の対応からはじまる心のこもった丁寧なもてなし

さりげない心配りが魅力

宿泊客が求めるものは、料理や設備、美しい環境、落ち着いた雰囲気など、人それぞれですが、その宿ならではのサービス、女将のあたたかい心遣いなどに惹かれて泊まりに来る人も多いはず。

個人経営の小規模な宿であれば、あらたまったサービスより、親近感のあるもてなしが好まれています。また、大型旅館では経験できない、人との触れ合いなども強みになります。ただし、お客さまによってはある程度の距離をおいたほうが喜ばれることもあるので臨機応変に。

ある温泉旅館では、一度宿泊したお客さまの連絡先、宿泊日などはもちろん、前回食べた料理や家族構成、浴衣のサイズなどの情報をデータ化。お客さまから電話が入れば、呼び出し中に名前もディスプレイされる仕組みにしています。

もちろん、お客さまの了承を得て、顧客の情報管理を徹底する必要はありますが、2回目以降の宿泊時には、お客さまもよりスムーズな利用ができます。小規模宿であればさらに、お客さまの趣味や、どんな食べものを残していたかなど、より細かい情報を得て、接客やもてなしの参考にできるでしょう。

また、近年では客室にダイニングスペースを設ける宿も増えています。山形県・上山市葉山温泉の「名月荘」（1泊食/2万7450円～）では、客室内に食事をするところを寝室とは別に設けているために、お客様を起こすことなく配膳ができる仕組みになっています。

予約時から丁寧な接客を

サービスやおもてなしは予約時の対応から、すでにはじまっています。ホームページから予約を

親近感のあるもてなし

お客さまとの距離は、感じ方にも個人差があり、もてなす側としては気を配りたいところ。とくにホテル、旅館によっても、その特性からなる違いがある。

ホテルでは、できるだけお客さまのプライベートに入り込まないことを心がけるというところが多く、逆に旅館では親しみやすさやお客さまとの近さを売りにしているところも多い。また、ホテルを好むタイプのお客さまは旅館の距離の近さをわずらわしく思うことも。

すべてがそうだとは言い切れないが、利用目的によってもそうした傾向があるということを考慮しておきたい。

受ける場合でも、簡単な操作でストレスなく予約できる工夫を行いたいものです。

予約ページでは、カレンダー形式のスケジュール表に、2～3カ月先までの予約状況を見られるパターンが主流です。

日付欄には満室の場合は×を付けたり、予約に空きがあれば赤文字で「残り○室」などと表示すると親切。宿泊料金が人数で変わる場合、人数料金、子ども料金がわかるようなページに飛んだり、宿泊プランが設けられている場合は、プランごとにカレンダーを分けて表示すると、お客さまもより予約しやすくなります。

ただし、必ず数日前には予約客に電話をかけて、直接確認することが大切です。直前のキャンセルや予約間違いなどを避けるためでもありますが、インターネットやメールでは伝わらない声のトーン、旅の目的をそれとなく聞き出すと来館時に応対しやすくなるでしょう。

また、キャンセルのシステムはきちんと説明しておくこと。1週間前からキャンセル料をいただくなど、ホームページに記載、予約確認の電話でも説明すること。集客数の少ない宿で1組でもキャンセルされると、かなりの痛手です。

インターネット予約の取り方　<オーシャンリゾート・ボンダイの場合>

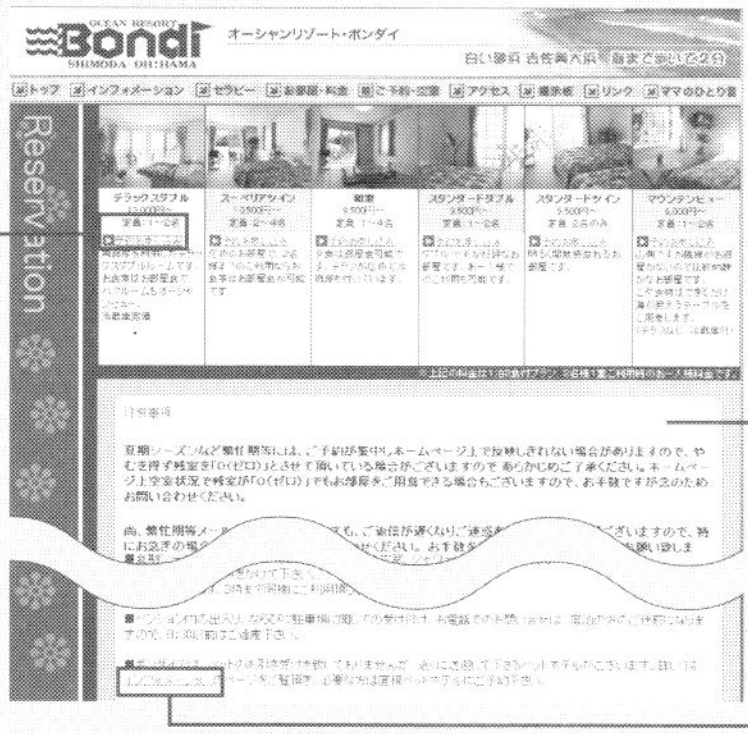

各部屋の写真に加え、宿泊料金・定員、眺望、設備などの概要。予約申し込みボタンをクリックすると下の画面が開き、カレンダーで予約できる。

チェックイン・アウト時間など宿泊時に気をつけてほしいことなどをまとめる。大切なのは、予約確認の連絡方法や、宿泊料金の振込み先、キャンセル料金などを明記すること。

素泊まり・朝食・2食付き、それぞれの料金を表示したカレンダーの見方と利用法を簡潔に記載。

宿の特色などについて詳しく伝えたいときには別のページをつくり、すぐに飛べるようにハイパーリンクを張っておくと便利。

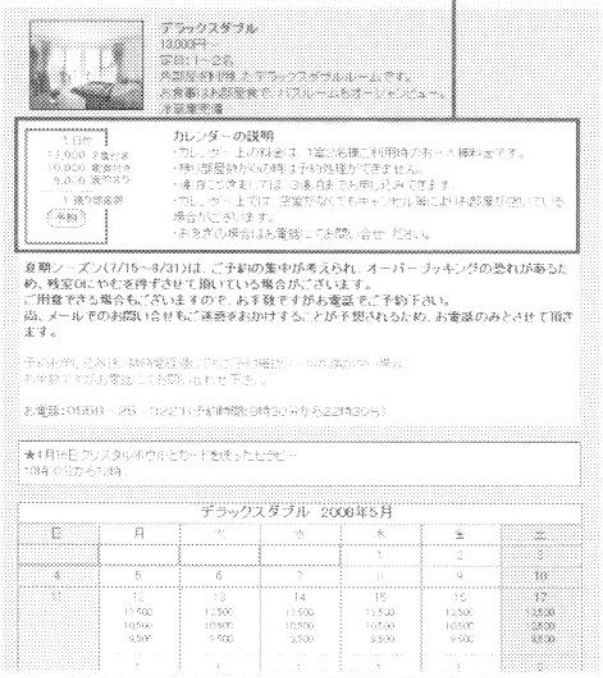

Point　スムーズに予約に誘導する仕組みを

ホームページによる予約方法は宿によって異なるが、宿泊日の選択→部屋・プランの選択→空室状況の照会→予約というように何度も画面を開くものもある。しかし利用者にとっては画面を開く手間が少ないほうがストレスもなく、使いやすい。

写真を使って利用者に選びやすくする、文章は簡潔に要点をまとめる、必要な情報の認識しやすさやたどり着くまでのプロセスにも気を配り、使い勝手の良いホームページになるようにしたい。メールで受け付ける場合、予約フォーム画面が開くようにすることもある。

COLUMN*

地元産食材を生かした
人気メニューがズラリ！

産地に近い利点を生かして
新鮮かつ味わい深い食事を提供する

海、山、川と、日本にはとても豊かな自然が広がっています。

都会から田舎をめざして来るお客さまは、そんな地元ならではの味わいを楽しみにしています。美しく盛られた料理の数々から、お客さまの喜ぶ顔が見えてきそうです。

潮が香る〈海の幸〉

「イトヨリ鯛のポワレソースラビゴット」（オーベルジュ・スクリーン）
山にも海にも近いという地の利を生かした、福島産食材のフランス料理が自慢。

「房総地魚三種盛り」（広丞庵かのか）
キンメ鯛、イシカレイ（勝浦港）、スズキ（鴨川港）の刺身。イサキやヒラマサなどが出ることも。

「プリプリ伊勢エビのチリソース」（オーシャンリゾート・ボンダイ）
下田の漁港で捕れた伊勢エビをはじめ、できるだけ地元のもので、生産者の顔が見える食材にこだわる。

旬が採れたて〈山の幸〉

「アマゴの塩焼き、地鶏塩焼き、タケノコのホイル焼き」（美山粋仙庵）
すべて地元産の食材を使用。タケノコは裏山で野生のものが採れる。

「会津産かぼちゃのスープ」（オーベルジュ・スクリーン）
かぼちゃの種と生クリームを浮かべたスープ。会津産かぼちゃは甘く濃厚な味わいが特徴。

「ニジマスのパイ包み焼き」（カントリーイン・キャンプ）
パイ生地から手づくりし、さくっとした食感に。サーモンを使うこともある。

食欲をそそる〈朝食&デザート〉

「ママ特製手づくりケーキ」
（オーシャンリゾート・ボンダイ）
ルームサービスにはピザやケーキ、地酒や梅酒、ハーブティーなどもある。

「いちごのミルフィーユ&季節のフルーツタルト」
（オーベルジュ・スクリーン）
フレッシュな果物を使うのはデザートだけでなく、ブルーベリーとベルギービールをソースにアレンジすることも。

「自家製天然酵母パン　ほか」
（カントリーイン・キャンプ）
朝食には、天然酵母を使った自家製の焼きたてパンを出している。

地域ならではの新鮮な〈食材〉

「野菜と魚貝類盛り合わせ」
（広丞庵かのか）
囲炉裏での炭火焼きを中心とした会席料理を楽しんでもらうために、新鮮な素材は欠かせない。

季節の野菜
（オーシャンリゾート・ボンダイ）
地元の信頼できる農園から仕入れる野菜。「旬のシャキシャキサラダ」として人気。

地場産野菜、鶏、豆腐など
（美山粋仙庵）
豆乳鍋の味付けは、ポルトガル産海水クリスタル塩で。地鶏のすき焼き、水炊きも用意。

くつろぎにピッタリの〈ドリンク〉

ハーブティー
（オーシャンリゾート・ボンダイ）
ハーブティーは専門のセラピストがオリジナルブレンド。ポットで提供する。

ベルギービール
（オーベルジュ・スクリーン）
写真は「ヒューガルデン」。銘柄ごとに専用グラスで提供している。

第4章

空間&インテリア

「客室」「動線」「露天風呂」……宿の〈見せ場〉を考える

少ない開業資金ではじめるからには、建物の広さや設備などに制約は出るもの。

しかし、小さな宿だからこそ、もてなしの心や居心地の良さを感じてもらうことが大切です。

どんなお客さまに来てもらい、どんな滞在時間を演出するのか——そうした宿のコンセプトを明確にすることによって、お客さまもオーナーの顔が見え、安心してすごすことができるのです。

また、客室や露天風呂、パブリックスペースであるリビングやダイニング、廊下などをつくる際には、基本的な設計プランのポイントを押さえることも大事です。

はじめてのお客さまにリピートしてもらうための宿の〈見せ場〉を考えていきましょう。

成功する条件01——顧客視点

お客さまへの心理的な効果を考えたメリハリのある空間づくり

まず何よりも「清潔感」を重視

宿の空間づくりにおいて、まず考えるべきは清潔感です。お客さまにとって、目につきやすいところが少し汚れているだけでも、「これでは料理がおいしいはずがない」「サービスも期待できないだろう」と思わせてしまいます。ですから、「なかなかここまできれいにすることは難しい」「こんなきれいな宿に泊まれるなんて」と、感動を与えられるくらいに清掃・衛生面は十分に管理しましょう。

とくに古い建物を改装した場合、きちんと手入れがなされているかどうかによって印象が違います。床や風呂場、洗面台などの水周りや細かな部分まで磨き上げられていれば、「隅々まで細やかな配慮がなされている」という良い印象を与え、イメージ向上につなげることができます。

掃除を徹底することによって、柱の傷や襖の破れ、エアコンのフィルター交換時期、また設備の不具合などに気づきやすくもなります。つねに清潔に、お客さまが安心して滞在できるように、宿を運営するすべての人が、この意識を共有することが大切です。

客室はプライベートな空間に

お客さまの来館時の印象をよくするには、エントランスや食事処、廊下などのパブリックスペースは開放感のある空間にしたいところですが、同じように客室をただ広くしたり、天井を高くすれば快適になるわけではありません。

たとえ室内の広さを確保できないとしても、朝になり障子を開けると美しい海が臨める、テラスに出て景色をゆっくり楽しめるなどの、印象に残る見せ場もつくり込むことで、その客室で過ごす時間にストーリー性をもたせることができま

QSC

飲食店の3原則QSCとは、「品質（クオリティ＝Quarity」「サービス＝Service」「清潔さ＝Cleanliness」。とくに宿の経営にあたってはクレンリネスには気を配ること。スタッフのきちんとした身だしなみや、衛生的で安全なオペレーションができていることが大事。

す。一見おしゃれなメゾネットタイプの客室をつくっても、実際はわざわざ上り下りして利用するお客さまは多くありません。人気の理由は、狭さがかえって落ち着きを感じさせるという点なのです。

さらに、チェックインから夕食まで、あるいは夕食から就寝までのプライベート時間を重視し、お客さまにとっての外部との〈接点〉をなるべく少なくすることも大切です。リビングスペース、バーなどをつくったとしても、お客さま自らが客室から出て行きやすいような雰囲気や、夕食で残ったデザートは部屋に持ち帰って食べられるような心配りをすることのほうを考えましょう。

人間心理には、居住空間が広すぎて落ち着かない、余暇は自分の好きにさせてほしい、何もしないほうが楽しいという面もあります。滞在するお客さまにどんな楽しみを提供するのか、また滞在する時間で何をどう感じるかを想像しながら、メリハリをつけることを忘れないようにしたいものです。

開放感のある「ゆとりの宿」にするには

宿のコンセプトごとにお客さまに与える印象も大きく違う。天井が高く、大きな窓のある客室の開放感もいいが、オーナーや外界との接点を少なくすることにより、プライベートな空間になることも知っておきたい。

美山粋仙庵（P.34）
宿の前面が大きなガラス窓になっていて、変化に富んだ眺望を楽しめる。ウッドデッキもあり、夜は天体観測もできる。

オーシャンリゾート・ボンダイ（P.26）
サンテラスを増築し、ウッドデッキからは海も眺めることができる。癒しのセラピーを受けながらのんびり過ごせると評判が高い。

カントリーイン・キャンプ（P.42）
玄関を入ったところのプレイルーム（左）と、ドイツ製の暖炉のあるリビング（右）。コーヒーや朝食、オーナーとの会話を楽しめる場として活用。

成功する条件02――運営・維持

使いやすく、顧客に良い印象を与える宿にするために心掛けること

いつも宿全体をコントロールできる「機能」

ホテル（大型の旅館なども）にはフロント機能が欠かせませんが、ペンション、民宿にも小さくても事務室があるほうが、宿の運営に何かとコントロールがしやすくなります。たとえば、お客さまが到着されたときに迅速な対応が可能になるうえに、受付カウンターで宿帳への記入を求めたり、大きな荷物を預かったりすることもできます。家族経営の場合は、その近くに厨房もあると、調理しながらもお客さまの動きを察知でき、臨機応変に作業を進められるはずです。

　また、廊下の隅やトイレ、洗面所などに納戸かバックヤードがあると、掃除機などお客さまの目に触れさせたくないものを1カ所にまとめて収納できるうえに、すぐに出して使うことができます。

　お客さまに満足してもらうには、宿の雰囲気づくりだけでなく、それと同時にスタッフが働きやすい、運営・維持しやすい機能も大切になります。

建物が老朽化すれば「修繕」も必要に

鉄筋コンクリート造のホテルと違い、木造建築であることの多い旅館や民宿などでは多額の維持管理費がかかることがあります。とくに一定期間を経過した建物は、老朽化が激しくなったり、積雪量が多い山間部、台風の進路にあたる地域では、屋根やウッドデッキ、外壁などに修繕が必要になることが少なくありません。

　1章に登場したログハウスの「カントリーイン・キャンプ」（42ページ）でも、オーナーが自作した道具小屋の痛んだ屋根材を剥がしての張り替えが必要になりました。

「北西の屋根は湿気を溜めやすく、見栄えのする

バックヤード
一般に、店舗の裏側に設置されることからこう呼ばれる。清掃、設備保全のための用具、ディスプレイ用品や大型の什器を収納したり、店頭に陳列する前の在庫商品を一時的に保管しておく倉庫のこと。

ハンドシェイク（手割りした米松材）のため、隙間から落葉松の落ち葉が入り込み、痛みやすい。まだ建てて8年くらいですが、ひとまず修理してみました」と、オーナーの渡部さん。とくに自然に囲まれたペンションでは、木工の経験、修繕の知識・技術を積んでおくと安心できるはずです。

定期的な「点検」で故障を予防する

お風呂の湯を沸かすボイラーや冷暖房などの設備も、定期的に点検・部品交換を行うことが必要があります。突発的に故障停止してしまわないよう、設備ごとにチェック表を付けて、メンテナンスの実施状況を目で見てわかるように管理するといいでしょう。

なお、こうした建物や設備の維持管理のために、銀行などから資金の借入れが必要になることもありますが、利息支払いにより利益が圧迫されないよう運転資金を残しておくことも重要になります。

宿の機能性を考えた設計デザイン

お客さまに快適に、宿のスタッフに動きやすい宿の例として、建築家の豊田健太郎さんが手がけた共有スペースを参考にしてみよう。限られた広さでも、もてなしのための機能面に配慮したい。

お風呂までの短い廊下だが、中庭を設けて変化をつけている。自然の潤いと、開放感のある空間としてもお客さまの目を楽しませる工夫。

窓から外が見渡せるので、急なお客さまの対応もしやすい。もちろん経理・事務などをするのに便利。

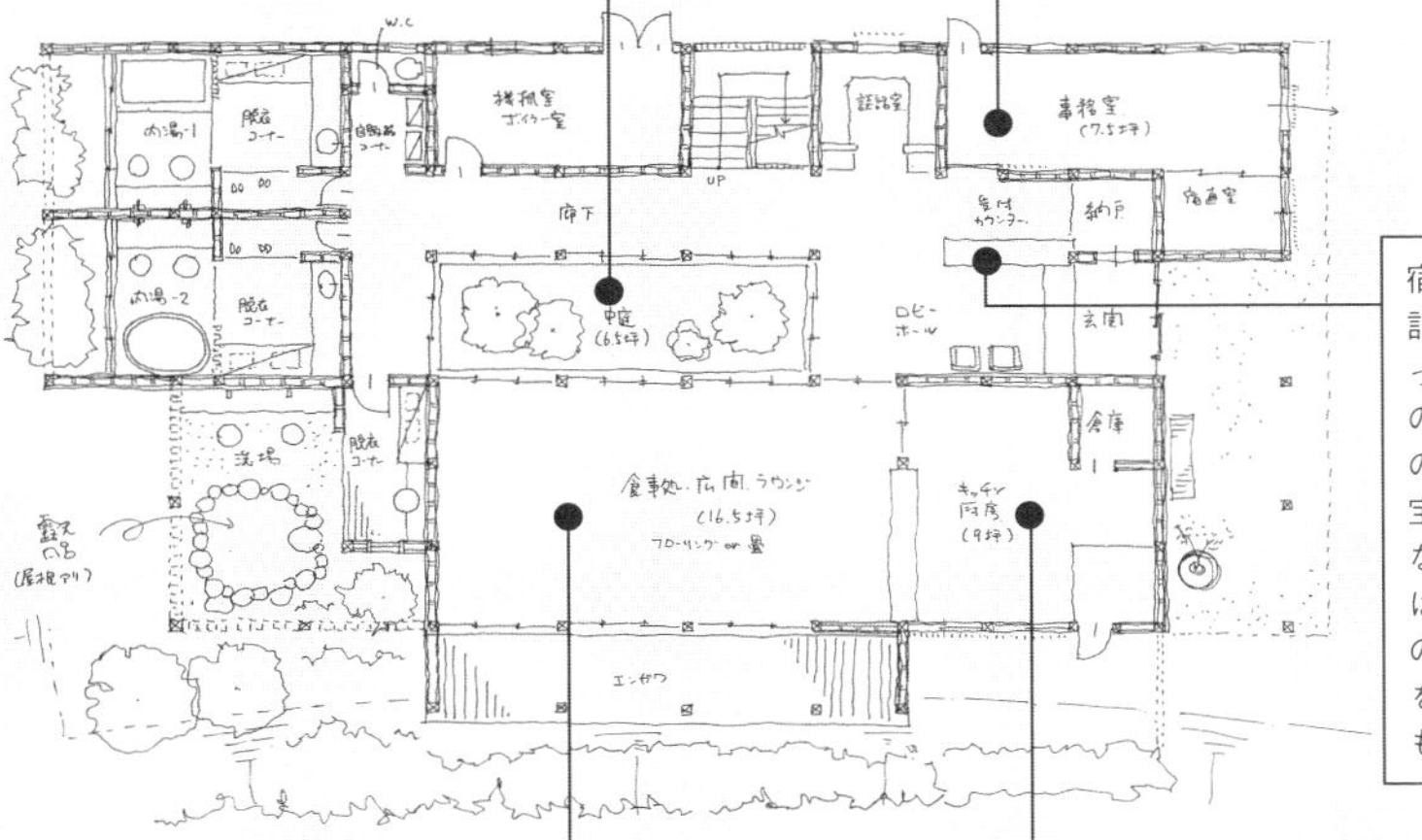

宿泊者名簿に記入してもらったり、観光の案内をするのにあると重宝する。小さな納戸があれば、お客さまの大きな荷物を預かることもできる。

開放的な空間にしておけば、テーブルやイスを片付けて体験教室もできる。その場合、お客さまの目を引き付けて、呼び込む工夫も必要。

少ないスタッフが運営する場合、玄関の近くにつくることで、調理途中でもお客さまの到着を察知することができる。

客室周りの基本プラン

顧客満足度を上げるための最新・設計デザインの動向を知る

客室周りの基本プランを考える

宿をはじめようとするなら、自分なりのコンセプトを各所の空間イメージに落とし込めるだけの具体化ができていることが大切になります。洋室、和室にかかわらず、「雰囲気」「色使い」「素材」「デザイン」までを、第三者に対して具体的に説明できるようにしておくこと。建築デザイナーに依頼する場合、家具やインテリア、アメニティや備品なども一貫したコンセプト上で決まっていきます。自分の好き嫌いで選ぶのではなく、お客さまにどのような印象を与え、どうすれば満足してもらえるかがポイントです。

以下に説明するポイントは、必ずしもすべてをクリアしなければいけないわけではありません。限りある資金を効率的に投下するためにも、どんな特徴をもたせて、何に予算を使うのかを明確にするべきなのです。

【客室／洋室】

2章でも述べたように、近年は団体客が減り、グループ旅行や個人旅行が多くなっています。そのため、たとえばペンションのツインルームの場合、広さは15～21平方メートルくらいが一般的。2～3名でゆったりと過ごすには25平方メートルほどあれば十分です。

あまり広さが見込めないという場合は、対角線を利用した視覚効果を狙う工夫ができます。

入り口から最も遠い対角線上にワンポイントとなるようなもの、たとえば赤いイスや背の高い観葉植物などを置いておきます。すると入り口からの視線が自然とそこに向くため奥行きが強調され、室内が広く感じられるのです。逆に対角線上に背の高い家具などを置くと狭く感じるので注意しましょう。

ベッドスプレッド、ベッドスロー

ベッドスプレッドは布団の上にかけてベッドメイキングしやすくするもの。専用カバーの足もとから掛布団を入れて、ベッドの上にかけるだけ。ベッドスロー（ベッドライナー）はベッドカバーにかけてアクセントをつけるもの。

【客室／和室】

洋室にもいえることですが、近年はシンプルなデザインの客室が増えています。空間を広くとり、インテリアなどはあまりつくり込まずに、少しずつ改良を加えていくほうが、後々の時代変化にも対応しやすいからです。

　近年の傾向といえば、自然素材を使った体にやさしい内装が挙げられます。和室の魅力である砂壁や漆喰壁、珪藻土を塗った壁などの落ち着きある趣は調湿作用にも優れ、比較的扱いが簡単なため、自ら塗るという人も。購入先で塗り方をレクチャーしてもらえることもあり、コスト削減したい場合にも向いています。

　また白木など明るい色調の木をポイントに全体を統一し、縁のない畳と合わせると、モダンで女性に好まれるやさしい雰囲気に仕上がります。

【天井・壁・床】

　天井はなるべく軽さや明るさを感じさせること。高い天井は開放感につながります。もし高くできない場合でも、小窓を配して視界のヌケをつくると、広がりのある印象を与えられます。床か

洋室

張り出している部分があるが、あまり気にならない。照明、壁の絵などが各部屋で違うのもポイント。（カントリーイン・キャンプ）

ベッドスプレッド、カーテンなどがカラー統一されている。海に近い宿らしくナチュラルなイメージも。（オーシャンリゾート・ボンダイ）

和室

ゆったりしたスペースがあり、畳とフローリングの使い分けが可能。障子を開けると眺めも楽しめる。（広丞庵かのか）

囲炉裏のある空間は、若い層にも人気。使いやすい大きさにつくり直すなどの工夫が必要になることも。（美山粋仙庵）

ら壁、天井に向かって、明るい色を使うと天井が高く見え、圧迫感もないという効果があります。

　気を付けたいのが臭い。壁や絨毯などには付きやすく、とくにたばこには十分注意を。近年は全面禁煙、もしくは喫煙ルームを設けている宿も多くありますが「小さな宿でそれは難しい」というなら、脱臭をこまめに行い、定期的なクリーニングなどの対策を行うこと。子ども連れも多く訪れる宿ではクレームの原因になります。

【ベッド・布団・押入れ】

　洒落たデザインのベッドスプレッドをはじめ、ヨーロッパスタイルのベッドスローやクッションで色味を合わせれば上質感が生まれます。マットレスを低反発タイプにしたり、枕も高さ、軟らかさなどを選べるようにして、「快眠」へのこだわりを売りにすることもできます。

　高齢のお客さまにはベッドと布団の好みが分かれますが、ベッドのほうが起き上がりやすいから良いという人も増えています。リクライニング式や高さを調節できるものをファミリールームに取り入れたり、対応を検討してもいいかもしれません。

　押入れは湿気が溜まりやすく、ダニ・カビ対

和室

照明と植物、掛け軸のしつらいで、和の趣きに変化をもたらしている。（美山粋仙庵）

床

ログハウスらしく木目の表情が楽しめる床。白い天井とのバランスに温もりを感じさせる。（カントリーイン・キャンプ）

天井

オーナーとお客さまが一緒にくつろげるように吹き抜けになったリビングスペース。天井にはシーリングファンを設置。（カントリーイン・キャンプ）

より施工精度と強度に優れるというハイブリットト工法で建てた。陽光をふんだんに取り入れることも可能に。（マチャン・マチャン）

策のために定期的に布団クリーニング（丸洗い）する必要があります。厚生労働省では「布団と枕は旅館・ホテルなどの宿泊施設において6カ月に一度以上クリーニングするのが望ましい」としています。

布団の上げ下ろしは朝晩で、部屋数が多いとそれだけでかなりの労力になります。夫婦2人などで経営を行う場合は、和室に合うデザインのベッドなど、部屋のイメージを損ねないものを導入すれば、作業を軽減することも可能です。

【アメニティ・洗面所】

とくに女性客を対象とする場合に、注目すべきポイントのひとつです。たとえば、アロマテラピー・アドバイザーが調合したシャンプー・トリートメントや、質の良いハブラシをそろえたり、ちょっとした心配りが印象を良くします。品数が多くなるとバスケットが大きくなってしまうので、洗面所とは違う場所に用意することもあります。なお、洗面所の横幅は90センチくらいが通常ですが、花を飾るのであれば180センチくらいあってもいいでしょう。

ベッド

畳ベッドは高齢のお客さまに好評。大小のクッションとヘッドボードにあたる部分のデザインが上質感をもたらしている。（広丞庵かのか）

アメニティ

オーナーが自信をもっておすすめできる自然素材のものをそろえている。（オーシャンリゾート・ボンダイ）

洗面所

幅広の洗面台は使いやすいうえに、小物を1カ所にまとめることができる。（広丞庵かのか）

館内デザイン・居住性

宿で過ごす時間をいかに充実させるかをお客さまの立場になって考える

【照明計画】

夜間のお客さまのプライバシーを守りながらも、暗い足元を照らす必要もあるため、どんな照明器具を使うか、どのように配置するかで大きな違いが出ます。

大切なのは、明るさと暗さのメリハリをつけるということ。たとえば庭を照らす場合、よく目につく場所ではなく植物にあてる、浴場につながる回廊は、夜間の照明は部分的に照らすといった方法があります。

昼夜の時間帯による使い分けは、開放感を演出する意味でも効果的です。夜は照明を活用して落ち着いた雰囲気を演出し、朝は眺望を楽しめるような宿づくりにすれば、〈感動〉を提供できます。

客室は多灯式にするのか、床置きのランプにするのかなど、さまざまな意匠が考えられます。

明るい日常生活に慣れている一般の人には蛍光灯が当たり前かもしれませんが、くつろぎの演出をするには白熱灯のほうが向いています。

なお、間接照明にする際も、眩しくないようになるべく光源が見えないような工夫をすること。そして、客室のコーナーを照らす照明があると、広がりを感じさせることができます。書きものをしたいお客さまにはスタンドをお貸しできる用意をすれば喜ばれるでしょう。

そのほかにも、ベッドにいても枕元で消せるスイッチや、クローゼットの扉を開くと内部を照らすライトが備わっていると便利です。また、食事処にはハロゲン灯を用いると料理を美しく見せることができます。

【回遊性】

宿づくりで見逃されがちな要素のひとつに、館

演色性

ランプなどがものを照らしたとき、その物体の色の見え方に及ぼす光源の性質のこと。一般に自然光を基準にして「良い」「悪い」と判断され、たとえばハロゲン灯のようにエネルギー効率の良い照明ほど演色性は悪くなるとされる。

内を巡ってみたくなる、つまり客室を出て歩きたくなるような楽しさの演出があります。単なる宿泊施設として運営するのでなければ、お客さまの滞在時間を、より充実したものにしたいところ。

たとえば、昨今増えているライブラリを小階段を上がったところに談話室を設けるというように、お客さまに移動してもらう楽しさを提供するわけです。チェックインから夕食までの数時間を楽しめるように、軽食もできるバー、茶室などがあっても宿の個性になるでしょう。そのためには、館内の設計を考えるときに、スペースにゆとりをもたせることが大事になります。お客さまとお茶を飲みながら、さりげなく会話できるような場があると、オーナーの顔が見え安心感にもつながるはずです。

さらにお客さまを楽しませる方法として、夕食後にダイニングを開放して演奏会やものづくりをする姿を見せ、誘い込むといった演出法も。自分の特技を生かすとともに、お客さまが館内で楽しめる仕組みを考えてみましょう。こうした魅力があれば、リピーター客を獲得するきっかけにもなります。

玄関ホールの隅に置かれたアンティークの椅子と机。宿の特徴である古いものの美しさを象徴するもの。（美山粋仙庵）

照明

和風モダンな客室に合わせたデザインの照明。コーナーに置くことで、空間を広く見せる効果もある。（広丞庵かのか）

2階への階段途中に設置された非常灯。外光が届かないところは足元の安全対策を。（オーシャンリゾート・ボンダイ）

照明を植物やオブジェと一緒に置くことで、滞在するお客さまの目を楽しませている。（オーシャンリゾート・ボンダイ）

【共有スペース】

敷地の大きさによるものの、お客さまが庭を散歩したくなるような工夫もあるとよいですが、さりげなくコーヒーを出すなどのムリのないサービスも喜ばれます。些細な心配りが、贅沢感を与えることがあるのです。

共有スペースでできるちょっと嬉しいサービスの一種としては、廊下にミネラルウォーターなどのサーバーを設置しておくこと。お風呂上がりや乾燥を嫌うお客さまの印象に残るはずです。

廊下を飾るアート作品については、その空間を埋めるだけではあまり意味がありません。その場に合ったものを見つける、クリスマスや正月には別の作品に変える、その土地に縁のある人の作品にするなど、常連客までも楽しませる工夫を考えたいところです。

食事処を設ける場合は、個室、半個室にするなどのプライベート感を演出する宿も増えています。

共有
スペース

扉のない半個室タイプの食事処。テーブルの中央部に囲炉裏を設けている。（広丞庵かのか）

オーナーの蔵書だったものをお客さまに自由に読んでもらっている。ジャンルは小説から漫画、写真集、雑誌までと幅広い。（カントリーイン・キャンプ）

さまざまな絵画を壁に掛けているが、宿の紹介をかねた作品も。（カントリーイン・キャンプ）

【庭・エントランス】

遠方から到着したお客さまが、宿の入り口にたどり着くまでには期待感が高まるものです。そんなとき、ただ広いというだけでは得られない演出法について考えたいものです。あえて石畳の狭いアプローチで誘導して隠れ宿風にしたり、料亭のように黒塀に打ち水のされた前庭などで迎えるのもいいでしょう。

玄関ホールも同様に、ゆったりとした空間にするだけでなく、チェックアウトの際に休んでもらえるベンチや、宿のイメージに合わせた装飾を施してもいいかもしれません。

これまで述べたように、客室以外での楽しみがないことは〈客離れ〉を起こす大きな原因になりかねません。自分の宿では、どんな理想的な時間のつくり方ができるかを考えてみることが大切になります。

エントランス

余分な装飾はないが、それがかえって主人のセンスを感じさせる。日本傘はお客さまを出迎える際に便利。（広丞庵かのか）

しっとり落ち着いた印象の玄関。民具をオブジェとして飾り、非日常を感じさせるように工夫されている。（広丞庵かのか）

地元の花木、白い暖簾がもてなしの心を表わすかのよう。開口部を多くして明るさにも配慮している。（美山粋仙庵）

庭

ブーゲンビリア、ハイビスカスなどの花も咲く芝生の庭。沖縄ならではの海の眺めが満喫できる。（マチャン・マチャン）

玄関ホールのロビーにあるフロント近くには、気軽に手にとってもらえるような雑貨、小物も販売。（オーシャンリゾート・ボンダイ）

デザイン発注・工事の流れ

設計とデザインの違いを把握して建築デザイナー選びのポイントに

デザイン・設計両面が可能な人物に依頼

「風呂自慢の宿」「家族や子ども連れでゆっくり過ごせる宿にしたい」など自分が描く宿のコンセプトやイメージは、デザイン・設計、施工というプロセスを経て、ようやくかたちになります。依頼先には個人や法人の建築・設計事務所、工務店などがありますが、自分のイメージに近づけるために、デザイン・設計両面で実現可能か判断できる、経験も豊富な人を探しましょう。そのためには、設計とデザインの違いを依頼者側もきちんと理解しておく必要があります。

デザインとは、たとえば「家族がくつろげるモダンな雰囲気に」という希望があれば、どうつくるか？ を考え、具体化していくことです。

設計では、それを建物に置き換え「この部分は補強を行うため、柱がもう1本必要」といった要素を数値化し、図面作成を行います。

もし、知り合いや紹介で頼めそうな人物がいなければ「マチャン・マチャン」（10ページ）のように、自分が気に入った建物の設計者を調べて直接あたってみてもいいでしょう。

また、内装や客室のインテリアについてはインテリアコーディネーターに任せてもよいでしょう。具体的には備品からアメニティ、カラーコーディネイトなどの細かな部分でコンセプトや予算に見合ったものが提案されます。こうしたブレーンや業者とのつながりをもち、スムーズに連携をとれるかどうかもデザイナーを選ぶ際の目安にすること。

経営初心者のための「開業コンサルタント（ペンションが中心）」では、経営知識から物件紹介、集客ノウハウ、食材の手配までお膳立てをしてくれるところもありますが、個性が打ち出しづらい、多額なコンサルタント料が必要なこともあり、利用するべきかどうかを自分で見極めることが必要だといえます。

設計依頼〜着工〜完成までのおもな流れ

①デザイン打ち合わせ

開業場所が決まり、デザイン・設計を建築家に依頼。初顔合わせはお互いを知るためのものでもあり、コミュニケーションをしっかりとれるように。宿のコンセプトや予算、希望の工事期間なども伝えて、自分がイメージしているものをかたちにしてもらえるか、一緒につくっていくための良いパートナーシップが築けるかどうかなどを判断しましょう。また、はじめの相談は多くが無料です。居抜きなど、物件の図面があれば持参するのを忘れずに。

②図面作成・見積もり

依頼することが決まれば、具体的な打ち合わせに入ります。コンセプトやこだわりの部分など、予算と見合わせながら具体的に話を詰めていきます。現地調査も行い図面化。新築の場合は作図後見積もりになりますが、リフォームではどこを残してどこを変えるのかといったことをきちんと把握する作業が必要です。その後プランニング、作図後に業者の見積りを出して、減額調整を行います。

③工事契約・着工

減額調整後は、工事業者と施工契約を交わします。また、インテリアコーディネーターに依頼すれば、細かなインテリアの提案があります。予算内で手配してもらえるので、欲しいものがあれば伝えておくといいでしょう。現場のチェックを週に1回ほど行い（依頼先にもよる）変更点や希望があれば取り入れます。そのほか、この期間に諸官庁への許可申請や宣伝などの開業準備も進めること。

④完成・引き渡し

工事完了後、オーナーと設計者、工事業者が立ち会い、設備の動作やインテリアのレイアウトなどもチェックします。消防署、保険所の検査をクリアすれば、引き渡しとなります。

「旅館さくらい」客室露天風呂ができるまで

2005年7〜8月、群馬県伊香保温泉にある「旅館さくらい」の客室改修が行われた。歌人の歌になぞらえて、「星」「花」「月」「雪」と名づけられた4部屋のうち、「月」の露天風呂の工事過程を見てみよう。（写真提供／豊田建築設計室）

2005年5月
建築家・豊田健太郎さんが設計を開始。客室の名前「月」に合わせたデザインに。

2005年7月20日
浴槽を月の形にするための型枠が完成。コンクリートを流し入れる。

2005年7月25日
型枠をはずした後、左官職人がアールをつくる。

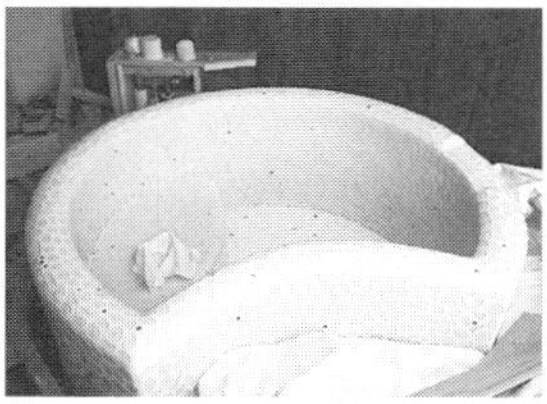

2005年8月2日
全面にタイルを貼り、浴槽はほぼ完成。

2005年8月9日
水栓、板張りの床、緑のしつらいを施して、趣きのある露天風呂の完成。

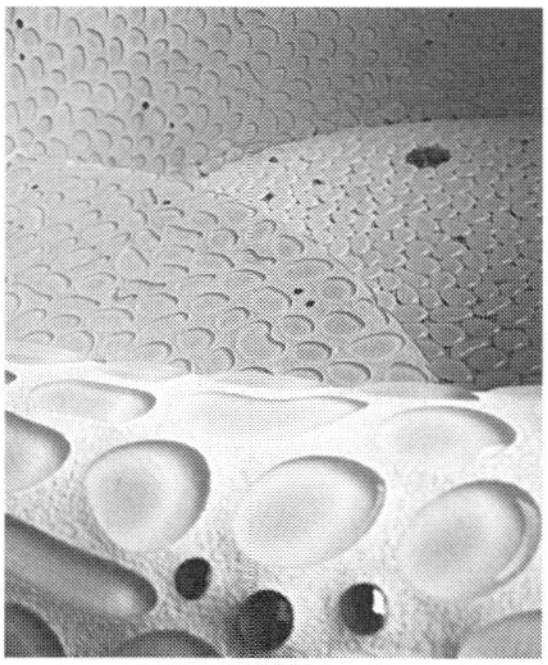

透明なガラスタイルに、ポイントとなる濃いブルーの小さなタイルが印象に残る。

＊DATA
旅館さくらい
群馬県渋川市伊香保町伊香保210
TEL／0279-72-2575 「月」の客室は1泊2食付、2名利用で1名が21,150円。

改装&リフォーム

客室のレベルを上げる改装が主流に予算を残して計画的に行うのがコツ

客室のグレードアップ、古材も人気

個人客が主流となった現在、旅館やホテルからは宴会場が消え、全体として客室数も減る傾向にあります。2部屋を一つに合わせてグレードアップを図る、客室露天風呂をつくる、離れをつくるというように、固定客獲得のため、改装・縮小化されるケースが目立ってきています。

そのほか建材については自然素材が見直され、古材を使用したり、古民家を宿に改装するといった例も増えていますが、古材は安く手に入る、譲ってもらえるなどのルートがない場合は割高に。ただ、地方では農家を解体して材だけを倉庫に眠らせていることもあり、そうした情報を地域で入手し、掛け合ってみるのも手です。田舎暮らしの情報サイトで移築を呼びかけていたり、古民家専門の物件紹介サイトなどもあるので、興味があれば情報収集を行ってみるといいでしょう。

「客室+部分」の改装で、融資対象に

リフォームは手を出しはじめると「ここもあそこも」と増えるばかりになり、かといって一度にすべてを行うのもおすすめできません。はじめは1部屋をリフォームし、残りの予算を宿の演出や運転資金にまわすなどして、2年目、3年目と計画的に行うほうが結果として良くなることも多く、趣向を変えたい場合の対応も可能になります。

また銀行などの融資対象として、玄関まわりや外装といった部分のみでは難しく、改装後の稼働率が判断できる客室が最も有力です。「4畳と8畳の部屋を合わせて露天風呂付客室に」など、特化した部屋を一つと、外装やロビーといった部分を併せて行うようにしましょう。

リフォームでは大きな金額が動くため、つい金銭感覚も狂いがちに。のちに大きなしわ寄せとならないように、無理のない資金計画を。

古材を使った宿の改築事例（写真提供／豊田建築設計室）

●エントランスの大幅な改装

（改装前）

エントランスとホールは今回大幅に変更。古材の味わいや雰囲気がうまく生かされる。（改装後）

古材選びの風景。曲がりや色など一つひとつが大きく異なる。適材適所で選んでいく。

古民家は太い梁がポイント。それぞれの組み合わせなども計算して作業が行われる。

*DATA

やど尚文

群馬県利根郡水上町綱子277
TEL／0278-72-2466
アクセス／電車：東京駅から特急水上で高崎経由、水上駅下車、バス15分。車：関越自動車道水上ICから約15分。

露天風呂付の客室も木の温かみある演出がなされ、部分的に古材でポイントがつくられた。

懐かしさが漂う古民家のイメージを見事につくり上げた。右：「かのか」の食事処。上：豊田氏（P.127）が手がけた宿のカフェ。

古材を使わなくても工夫次第で見せることは可能

購入するとなると単価が張り、高価な古材。安く手に入るルートがなければムリをして手に入れなくても製材を使って「塗る」「焦がす」など、やり方次第では十分カバーができるのだ。まずは依頼している工務店、設計事務所に相談してみよう。

清里高原「森の小さなホテル」がリニューアルオープンするまで

1970年代の後半、観光客で賑わいを見せた山梨県北杜市清里。しかし近年は廃業する宿も少なくない状況だ。そこで、いかに魅力を演出するかが建築家の腕の見せ所に。

従業員との話し合いからすべてをはじめることに

八ヶ岳山麓、清里高原にあるホテル、「ハットウォールデン」。客室12室、従業員6名のこぢんまりしたホテルを、「新しいイメージで生まれ変わらせてほしい」と、オーナーから豊田建築設計事務所に依頼があったのは2006年9月。

一任された豊田さんはさっそく従業員全員と話し合いの場につき、まずは「どんなホテルにしたいか」をヒアリングすることに。しかし、なかなかまとまらず、コンセプトが見えていない状態でした。

そこで豊田さんが提案したのは「森の生活」。緑豊かな立地条件を生かした、〈自然の癒し〉と〈上質な田舎のもてなし〉をテーマにイメージを膨らませました。インテリアコーディネーターとともに演出方法も決めます。そして従業員全員が新たなホテルをつくっていくための〝意識変革〟も焦点に。

さまざまな問題点をクリアし、「森の小さなホテル」がリニューアルオープンするまでの足跡を追いました。

まずは従業員との打ち合わせが行われた。コンセプトが具体的に見えていなかったため、3、4カ月ほどかけて話し合いが続けられた。

ホテルが生まれ変わるには、外見だけではなく、そこで働く人々のはっきりとした“意識づけ”も必要。イメージも何度もスケッチを重ね、膨らませていく。

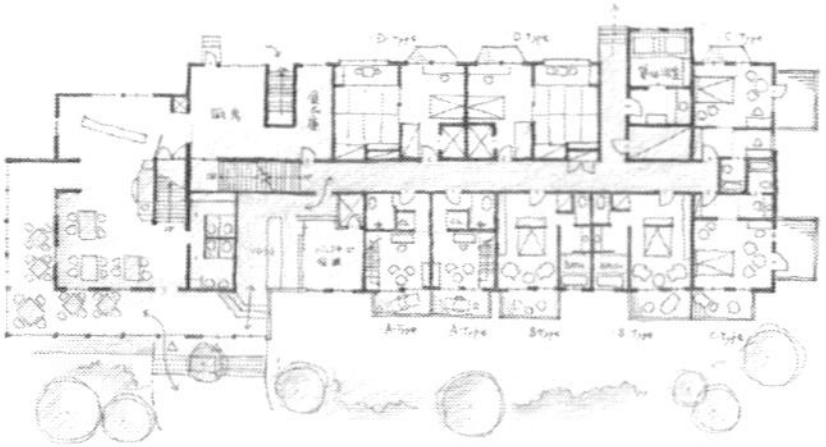

ようやくコンセプトが詰められ、ビジョンが見えてきた。現地調査を行い、どこをどう変えるのかといった具体的なプランを決めていく。

今回は特別室をリニューアルすることに。現場での確認作業、作図後、業者に見積もりを出してもらい、減額調整、契約が交わされた。

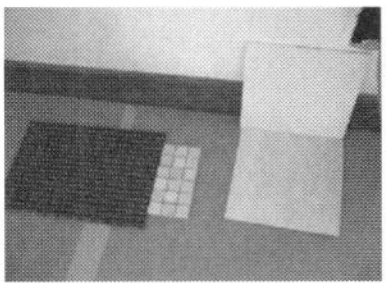

素材の検討（上はカーペットやタイルなど客室に使うもの）なども行われ、着工となった。

インテリア資材や備品が搬入される。部屋ごとに鳥の名前が付けられたため、ドアの取っ手にも小鳥を模したものを使用。清里の作家に依頼した。

「森のホテル」というコンセプトに合わせてアメニティなどもインテリアコーディネーターが選ぶ。自然素材のものを採用。

リニューアルに合わせ、従業員の気持ちの切り替えも重要に。ユニフォーム、接客なども見直された。

特別室のリニューアルが完成。木の温もりや味わいが生かされながら、シンプルで洗練された空間に仕上がった。

宿のスケッチは、すべて豊田氏が作成。

*ARCHITECT

(有)豊田建築設計室

世田谷区世田谷3-5-13　川島ビル2号
TEL／03-5451-7088
URL／http://home.att.ne.jp/sigma/architoyoda/
建築家・豊田健太郎氏により2001年に設立。町並みなどの景観づくりから住宅、旅館・ホテル・スパなどの設計、講演活動など多岐にわたり幅広く活躍している。

*DATA

ハットウォールデン

山梨県北杜市清里高原萌木の村
TEL／0551-48-2131
アクセス／電車：JR新宿駅より約2時間40分　車：中央自動車道利用で約2時間

観光地として人気の高い清里高原「萌木の村」内にリニューアルオープン。「萌木の村」は工芸作家の作品を販売するショップなどが集まるコミュニティ。ホテル内でも作家の手づくり作品を多数採用している。

第5章

開業準備・情報発信

集客・リピート&稼働率を高めるために

お客さまに宿の存在を知ってもらうには、やはり宣伝・PRは欠かせません。
一般的な集客方法としては、旅行会社と契約したり
ネットエージェントの宿泊予約サイトを利用する方法がありますが、
昨今は自分でホームページを開設し、上手にアピールするケースも増えています。
しかし、その場合でもつねに情報を更新し、予約状況をきちんと管理しなければいけません。
また、各地にある宿の組合に加盟すると、広報活動や研修活動に参加できるなどの利点もあります。
健全な運営を維持するために、財務会計や家族経営する場合の注意点についても学びたいものです。

組合への加入

地域ごとに活動する「旅館組合」への加入を検討する

各地域には、だいたい旅館協同組合（地域によって名称は異なる。以下、組合）があります。組合は地域の観光情報を全国に発信し地域振興を行う一方で、会員を経済的に助ける目的で設立されています。

加入するメリット

組合に加入するメリットはいくつかあります。まず、高融資額、低金利、無担保、長期の融資期間、運転資金の借り入れが可能になるなど、個人よりも有利な条件で融資が受けられるのです。

次に、重油や灯油、照明器具から、洗剤やスリッパなど雑貨・小物まで、ほかの宿と共同購入ができるため、個人で買うより格安で仕入れることが可能です。消防設備の保守点検も共同で行うところもあります。

さらに、旅館賠償責任保険に有利な条件で加入できます。この保険は施設事故や貴重品の盗難、食中毒など法律上の賠償責任を負ったときに損害賠償金を支払ってくれるものです。また、厚生年金基金に加入できる共済制度を取り入れている組合もあります。そのほか、会員の研修会やセミナーへの参加、観光行政との懇親会（陳情や働きかけも含む）など、個人ではなかなかできないことをサポートしてくれます。

最近では、充実したホームページをつくっている組合も多く見られます。宿の紹介や観光情報など、豊富な情報量を誇るサイトもあります。旅行を検討している人のなかには、旅先の観光協会や旅館組合のホームページを訪れる人も少なくありません。ホームページ制作に力を入れている組合に属していれば、そこに紹介してもらえるだけでも宣伝効果があるといえます。

ただし、組合の内容は規模や地域、形態によって違いますので、組合に加入する際は詳細をよ

旅館賠償責任保険

旅館賠償責任保険で保障されるのは、偶発的な事故によって賠償責任が発生した場合だ。施設事故は施設の欠陥によるケガや失火による事故は保障されるが、自然災害や排水または排気による損害は対象外となる。盗難事故の場合は、被保険者の持ち物の損壊や盗難は対象外だ。そのほかにも保険金がおりない場合もあるので、加入する際は保険会社によく確認すること。

く確認する必要があります。

地域の活性化が集客にもつながる

組合に加入するメリットとして、もうひとつ挙げられるのが、地元のほかの宿とのつながりができる点です。宿は地域が活性化すれば、個別の宿ではなしえない集客が望めるようになり、相乗効果も見込めます。そのため、ほかの宿と連携して地域振興していくことは、宿の発展にも有効なのです。組合が中心になって町ぐるみで地域振興を成功させた例が、熊本県・黒川温泉です。町全体を温泉情緒あふれる景観に演出するために町に雑木を植えたり、各宿の看板を統一したものにしたりするなど、黒川温泉全体をひとつの旅館ととらえる考え方で、いまや日本を代表する温泉地となりました。すべての組合が黒川温泉のようにうまく機能しているわけではありませんが、地元の宿との情報交換の場としてだけでも利用できるでしょう。

もちろん、組合の加入は強制ではありません。しかし、一度加入するとほかの宿との関係もあって退会は難しいものです。入会する場合は慎重に検討しましょう。

旅館組合の取り組み例

組合とそこに加入する宿とが一体となって地域振興に成功した黒川温泉を例にとり、その取り組みを見てみよう。また、岐阜旅館組合を例に、一般的な組合がどのような活動をしているかも参考に。

●黒川温泉観光旅館協同組合

景観	県の計画整備課と連携し、黒川温泉全体で雑木を植え、温泉情緒あふれる景観を演出。宿と宿の間のブロック塀も壊し植樹した。また、公衆電話ボックスも木造の古民家風に建て替えた。そのほか屋根の勾配や壁の色などを決めた協定を結んでいる。
顧客サービス	すべての旅館に露天風呂をつくり、組合加入の旅館の露天風呂3カ所に自由に入れる「入湯手形」を発行（1枚1,200円）。毎年10万枚以上売れるヒット商品となった。
誘導	それまで各宿が思い思いに看板を立てていたが、それを撤去。景観に合うように小国杉を黒く塗った共同看板をつくり、お客さまを案内している。
質の充実	組合内に環境部をつくり、春秋に植樹活動を実施。全宿が環境にやさしい「よもぎ石鹸」を使うなどの取り組みを行っている。また、経営者や女将向けのセミナーやリーダー研修などを行ったり、接客や電話応対のコンテストを催すなど、「おもてなしの心」の向上に努めている。
情報の共有	インターネットを活用した情報共有はもちろん、半年先までの予約状況を組合員相互に確認できる。

●岐阜旅館組合

経営支援	民間の経営コンサルタントを手配したり、振興事業にかかる設備資金や運転資金を斡旋したりするなど、組合に加入する旅館の課題解決を手伝う。
質の向上	地域のイベントや人にやさしい宿づくりに努力した宿や個人、また優良従業員を表彰している。そのほか、シルバースター登録制度への申請促進と施設の充実、デイサービスへの協力などを行っている。
その他	防火管理体制の確立、旅館賠償責任保険加入の促進、自治体や観光連盟が行う振興事業への協力など。

家族経営のコツ

効率よく仕事が回るように役割分担をし、慣れ合いにならないように注意する

役割分担とパートの雇い入れ

少人数で宿を運営するうえで大切なのは、まず役割分担をきっちりしておくことです。宿の仕事は朝、昼、夜を通して、想像以上の忙しさです。そのためにも役割分担は必須となります。

経営面の実務や管理と接客を分担するといった大まかな役割分担はもちろん、お客さまが到着する前の掃除や装飾品の見直し、庭の手入れやホームページのチェック、調理、配膳、食事の片付け、お客さまの出迎えや受付など日々の細かい作業についても、得手不得手を考え、効率よく仕事が回るように分担していくことが大切です。ただし、役割分担にこだわりすぎてもいけません。忙しいときにはそれぞれの仕事を手伝うという柔軟な姿勢で取り組むことが、経営のコツです。

また、家族や夫婦で経営するときのもっとも大きなメリットは人件費を節約できることですが、仕事がこなしきれないというのであれば、パートやアルバイトを雇うことも考えなくてはいけません。その場合は、午前中の忙しい時間帯だけとか、調理の補助だけというように、ピンポイントで雇うことで人件費を節約するよう心がけます。仕事の内容も、顧客データ管理といった難易度の低いものであること。宿の主人が接客に力を入れるべきなのはいうまでもありません。

プロ意識をもって「慣れ合い」を避ける

家族や夫婦で経営を行う場合、意思の疎通が図りやすい半面、慣れや甘えが生じてしまいがちです。プロ意識をしっかりもち、お客さまが何を求めて宿に来てくれるのかを、つねに念頭に浮かべる姿勢が非常に大切になります。

とはいえ、お客さまへの気遣いが絶えない仕事

パートの雇用

社員として雇う場合はもちろん、パートとして雇用する場合も、雇用保険には加入させなければならない。ただし、すべてのパートタイマーが雇用保険の被保険者となるわけではない。

・１年以上雇用される見込みである
・１週間の労働時間が20時間以上

以上の2点が、雇用保険の被保険者となる要件となる。しかし、昼間学生はパートが本業ではないため、雇用保険の加入の義務はない。また、2007年10月に雇用保険法が改正されたので、情報は最新のものをチェックすること。

ですから、行き詰まったり、ストレスでイライラしたりすることもあります。そういうときは、お互いをあまり干渉しないように努めましょう。いつも顔を合わせていては気持ちを切り替えることができないので、少し距離を置くこともたまには必要です。

さらに、プライベートの時間をつくりづらいという問題点もあります。住居スペースが隣接する場合はなおさらです。そこで、月に数日の休日を設けることを考えてもいいでしょう。宿は年中無休が当たり前ですし、開業当初は休みをとることが難しいかもしれません。しかし、月1日でもいいので、宿の仕事から解放される日を設けることも大切。リフレッシュすることで接客にも余裕が出てきます。もちろん、休みをとる場合は、予約状況を見てお客さまに迷惑をかけないこと、その後の採算を考えることが重要になります。

また家族経営の慣れ合いを防ぐ方法として、労働時間や給料、経営方針などをあらかじめ相談して決めておくやり方もあります。ある程度ルールを決めておくことで、仕事に対する責任感が芽ばえるというメリットもあります。一度決めたらそれっきりではなく、そこは家族経営の柔軟さで変更を重ねていけばいいでしょう。

宿経営の1日・おもな流れ（客室10室くらいのペンション・満室の場合）

- **7:00　朝食準備（スタッフ朝食）**
- **8:00〜　お客さま朝食・後片付け**
- **10:00〜　チェックアウト**
  - ・出立するお客さまが重なった場合、スタッフ同士で補佐する。
- **12:00　スタッフ昼食・休憩**
- **13:00　掃除・ベッドメイク**
- **15:00〜　チェックイン・客室への案内**
  - ・お客さまを出迎える。宿泊者名簿への記入をお願いする。
  - ・宿によってはお茶出しなども行う。
- **16:00　夕食準備**
- **18:00〜　お客さま夕食・後片付け**
- **20:00　スタッフ夕食**
- **21:00〜　バータイム**
  - ・酒、アルコール類などを用意している場合、お客さまとの談笑も大事なお付き合いに。

家族経営においての給与の扱い方

宿を家族で運営する場合、給与の支給方法は大きく分けて2種類ある。一つめが、経営主の所得からの分配として支払う場合。親子間であれば「小遣い」であり、夫婦間であれば夫が妻（あるいは妻が夫）に渡す家計費として扱われるので、会計上には給与支払い関係は表れないし、もちろん経費とは認められない。

次に、給与として支払う場合がある。雇用契約を結んで法的な雇用関係を発生させることもあるが、家族を事業専従者とするほうが多い。事業専従者とは、事業主と同じサイフで生活しており、年間6カ月以上勤務していて、ほかの職場で働いていない家族のこと。「青色申告」を税務署に申告していれば、事業専従者の給与は全額経費として扱われるため、節税の効果がある。「青色申告」をしていなければ専従者にする意味があまりないため、税務署にきちんと届け出るように。いくつかの申請書を出したり、決算書を提出しなければならなかったりといった要件があるので、よく確認すること。

財務管理

お金の〈流れ〉を把握することが経営者としての第一歩

帳簿付けは専門家に頼まなくてもできる

個人で宿を経営する以上、「いくら儲かっているのか」「お金はどれくらい残っているのか」を把握しておくことは当たり前の話です。しかし、「ドンブリ勘定になっている宿の経営者は意外と多い」（旅館経営コンサルタント・高橋氏）というのが実情のようです。お金の流れをつねにつかんでおくことは、経営者としての第一の心構えであることを肝に銘じましょう。

そのために重要となるのが〈帳簿付け〉です。「いつ」「だれに（だれから）」「いくら」「何のために」支払ったのか（入金があったのか）を、正確に記録します。そして、日々の営業終了後に、手元の現金の残高と帳簿上の残高が一致するかを確認します。また売上金は、釣銭や経費で使うための現金を除いて、その日のうちに（遅くても翌日までに）銀行等金融機関に入金するようにします。そうすることによって、通帳に日々の売上げが記録されます。また、現金払いではない経費などの支出も、同じ通帳で行うことで、お金の流れを把握しやすくなります。

小さな宿の経営の場合、みやげものなどの商材を仕入れることはないので、支出のほとんどが経費となります。経費の管理はしっかり行いましょう。

帳簿付けは手間はかかりますが、難しい作業ではありません。税理士などの専門家に頼むのもひとつの方法ですが、独学でマスターすることもできます。また、最近の会計ソフトは帳簿付けから決算書の作成までできるものもあるので、導入を考えてもいいでしょう。

売上予測と顧客情報の収集

帳簿付けとともに重要なのが、売上予測です。

お金の流れを見やすくする工夫

お金の流れを把握するには、いくつかのポイントがある。まず事業用の口座と家計用の口座は分けること。「自分の宿だから」という気持ちは捨て、2つの口座を混同しないように。

現金取引を少なくすることもポイントだ。銀行に行き来する手間を省き、帳簿づけの回数も減らせるし、領収書を紛失するという危険性も回避できる。

領収書や請求書が発生したら、別々に保管し、日付順に並べておく。その際、ノートに貼り付けたりする必要はない。

まず、ハイシーズンとオフシーズンでの見込客数と客単価を割り出します。開業前では予測しづらいものですが、自分の宿と似たようなコンセプトや立地を備えたほかの宿を調べれば、あたりはつくでしょう。

その際、食材費やクリーニング代などの経費がどれくらいかかるのか、風呂の維持費や、送迎用の車があれば燃料費や維持費にどれくらい必要なのか、固定資産税などの税金がどれくらいなのかなどを考慮し、差し引きした合計から売上額を算出します。設定した宿泊費と照らし合わせて採算がとれないようであれば、特別料理をメニューに加えたり、体験プログラムを導入する、みやげものを工夫するなど客単価を高める工夫をします。

また、宿泊客の情報は開業後の運営に非常に役立ちます。付帯施設やサービスの利用状況など「だれが」「何に」「どのくらいの金額を使ったか」を、しっかり記録しておくことが重要です。また、お客さまのなかには、後日電話や手紙で感想を伝えてくれる方もいます。そうした情報やクレームも含めて顧客情報として収集しておきます。お客さまの数が伸び悩んだときなどに、こうした情報から問題点を探りましょう。

1カ月の収支予想表（例）

		1月	2月	3月	4月	5月	6月
売上高	宿泊売上						
	宿泊単価						
	宿泊人員						
	売店売上						
	別注・会食・飲物						
	その他						
売上高計							
売上原価	料理原価						
	売店原価						
	飲物原価						
	その他						
売上原価計							
売上総利益							
販売費及び一般管理費 人件費	給与手当						
	法定福利費						
	福利厚生費						
	業務委託費						
設備費	減価償却費						
	リース料						
	保険料						
	修繕費						
一般経費	支払手数料						
	水道光熱費						
	消耗品費						
	旅費交通費						
	車両費						
	通信費						
	広告宣伝費						
	その他						
販管費計							
営業利益							
償却前営業利益（営業利益＋減価償却費）							

●売上高
売上高は客単価（宿泊単価）と宿泊人員に分けて考える。そのうえで、宿泊人員を経路別、部屋別、地域別（お客さまの居住地）などを分析し、対策を講じる。経路別とは、直予約（電話・FAX予約）、ホームページ予約、JTBなどの旅行代理店経由、楽天トラベルなどのネットエージェント経由など。

●料理原価
食材原価ともいう。宿を経営するうえで、この費目は売上高の15%以内に収まるようにするのが基本となる。

●人件費
人件費は福利厚生費やパート代も含めて、売上高の30%以内に抑えるのが理想。人件費を削るのは簡単ではないので、予測売上高の30%を超えるようだったら、売上高を伸ばすような経営努力が必要ということになる。

●償却前営業利益
宿の経営にあたって、もっとも重要となるのが償却前営業利益（営業利益＋減価償却費）。売上高の20%くらいを確保するのが理想だ。開業後の設備投資は、この範囲で行うことになる。

宣伝・PR

テレビ、雑誌、旅行代理店、観光協会……使えるものはすべて利用する

マスコミには積極的な働きかけを

お客さまは全国各地至るところにいるため、宣伝も地元周辺だけでなく、全国区で行う必要があります。そこで、いちばん効果の見込める宣伝方法が、雑誌やテレビといったマスメディアです。とくに、こうしたメディア関係者は新鮮なニュースソースをつねに求めており、開業時は絶好のチャンスといえます。ファクスやEメールでオープンを知らせるだけでなく、宿の売りとなるものや目を引く特徴をアピールし、取材に来たくなるような情報を提供します。その際、無料招待という形で実際に泊まってもらい、宿の魅力を体感してもらってもいいでしょう。

地元の新聞社やリトルマガジン、フリーペーパーなどにも働きかけるべきです。地方発信で全国区になることも少なくありません。その場合、オーナーのバックグラウンドである特技、前職、旅行体験、人柄などがユニークだったり、「異業種からの転身で女将としてがんばっています」といった、ほかの宿にはない特色が話題につながる場合もあります。記事として取り上げてもらうためにも、臆せずアピールすることが肝心です。取材対応する際には、宿の魅力をわかりやすく紹介できるように準備を万全に整えること。

旅行代理店、観光協会も活用

マスメディア以外に、旅行代理店への働きかけも大切な宣伝活動です。近年はインターネット予約が増え、旅行代理店への依存度が低くなったともいわれていますが、その存在感はまだまだ大きいものがあります。代理店が企画するパックツアーに組み込んでもらえれば、チラシやホームページにも載せてもらえ、宿の知名度は飛躍的に向上します。

旅行代理店

ひとくちに旅行代理店といっても、大手の旅行代理店だけでなく、特定の地域に特化した小さな旅行代理店もあれば、実店舗をもたないネット専業の旅行代理店もある。広義に解釈すれば、格安航空券専門店も旅行代理店に入るだろう。そのほかにも、近年は異業種からの参入も増え、旅行市場の競争は激しさを増している。旅行代理店に働きかけるときは、こうした旅行業界の現状も研究しておきたい。

そのときに必要となるのがリーフレットやパンフレット類です。部屋数や宿泊料金、オプションプラン内容はもちろん、宿のコンセプトや特徴、料理の内容などを盛り込みます。印刷は専門業者に頼んでもよいですし、カラープリンタを使って自作すればコストの節約になります。

担当者と交渉するときは、できれば事前に電話でアポイントをとって、直接出向いて説明するほうがいいでしょう。物理的な問題でそれができない場合は、ファクスやメール、手紙などで知らせましょう。

そのほか、地域によっては自治体が運営する観光協会に登録すると、さまざまな宣伝の機会を得られることがあります。たとえば神奈川県観光協会では、サイト内での紹介はもちろん、県の観光地図や観光情報誌に広告を掲載（有料）することができます。また、観光協会が媒介となり、ラジオやテレビ、新聞、雑誌での情報提供の場を用意してくれたり、観光展や物産展を主催して誘客してくれるというメリットもあります。

年会費はかかりますが、宣伝費用と考え、一度登録してみてその有効性を確認してみるといいでしょう。

泊まってみたくなる〈宣伝・PR〉術

リーフレットやショップカード、看板といったグラフィックアイテムは、単に宣伝するための道具ではなく、宿のイメージを正確かつ印象的に伝えるための重要なコミュニケーション媒体と考えることが重要だ。

絵になるところを各ポイントで見せたリーフレット。宿の落ち着いたイメージを上手に表現している。（広丞庵かのか）

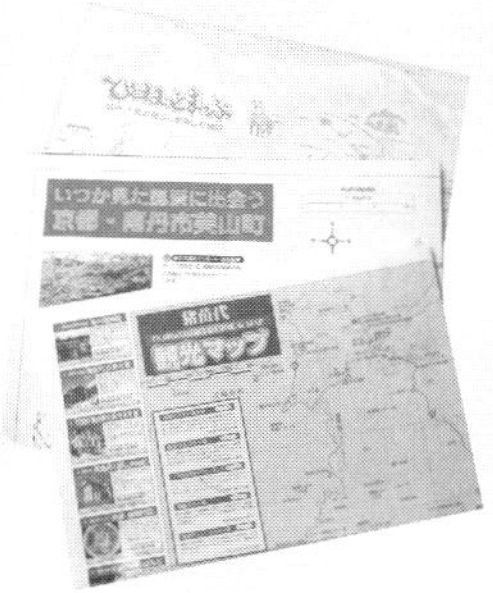

観光協会でもらえる各地域の観光マップ。飲食店や宿泊施設などが広告を載せている。お客さまの周辺観光にあると便利。

サイズの小さいショップカードは気軽に手に取って持ち帰ることが可能だ。（右／美山粋仙庵、左／マチャン・マチャン）

誘導看板は宿の場所を教えるだけでなく、期待感を盛り上げる役目も。海をイメージしたさわやかなブルーに波をあしらった宿のロゴが映える。（オーシャンリゾート・ボンダイ）

個性の打ち出し方・口コミ活用

お客さまを引きつける「個性の演出」と口コミサイトの上手な利用法について

宿の特徴を見直し個性を打ち出す

とくに個人経営のように小規模な宿の場合、うまく個性を打ち出せないと、思うような集客は望めません。そこで、いかに宿の特徴を上手に見せるかが重要となります。まずコンセプトを洗い出し、地域特性なども考えたうえで、宿の特徴は何かを改めて整理しましょう。

たとえば地場産の食材を使った料理が売りであれば、「体にやさしい料理」「昔懐かしい郷土料理」など、テーマを設けた特別メニューや、宿泊プランも基本のコースに加えて、「こだわりの食事」「子どもと一緒に遊ぶ、学ぶ」「のんびりくつろぎ」コースなどを設けて目先を変えてみる方法もあります。

こうしたアイデアは自ら搾り出すオリジナルが基本ですが、ほかの宿のやり方を参考にしたり、旅行代理店のパックツアーからヒントを得たり、さまざまな事例・情報源を活用してみること。自分が得意とするジャンルに特化するなど、宿のコンセプトに照らし合わせてアレンジすることが大切です。あるいは近隣のいくつかの宿同士が協力し合う、1軒の宿ではできないような企画イベントを催してみるという手もあります。

そのほかにも、コンセプトを象徴するようなアート作品で宿全体を統一する、講師を招いてワークショップを開く、異業種の人との交流の場づくりや地域への貢献活動などで、広く一般の目を引くこともできます。宿泊客以外も対象にし、利用者にとっていかに宿での時間を充実したものにできるか、試行錯誤する姿勢を忘れずに考えてみることです。

ネット口コミへの対応の仕方が評価アップに

成功している宿を見ると、インターネットの口

ワークショップ

ワークショップ（workshop）とは、本来は作業場とか工房を意味する語。そこから転じて、「体験型の講座」を表す言葉として多く使われるようになった。宿の場合は工芸や陶芸などのものづくり、参加者同士が体験を共有できる催しなどがそれにあたる。

コミによって評判が高まった例が多くあります。最近では「じゃらんｎｅｔ」をはじめ、旅行情報サイトに口コミのページが設けられており、それを参考にして宿を選ぶお客さまが増えているのです。そうしたページは、宿が直接対応できるようになっていて、評判のいい宿に共通するのは、対応の速さです。良い感想であれ、悪い感想であれ、数日中にはお客さまへの返信を行っています。

返信コメントには、「次はぜひ娘さんとお孫さんを連れていらしてください」など、それぞれのお客さまに合わせた、形式張らない親身な内容にすることを心がけましょう。

また、クレームであっても、「わざわざ伝えてくれている」という心構えをもって、すぐにお礼とお詫びのコメントを入れるようにします。感情的になりやすいお客さまもいるため、もし苦情に対するいい分があっても、「今後の参考にさせていただきます」といった前向きなコメントにすることが何より大切です。サイトの利用者は宿の対応もしっかり見ているので、丁寧な対処をすることで、逆に評価アップにつながることも。直接クレームをいってくるお客さまには、もう一度来てもらえるように誠心誠意対応しましょう。

お客さまの興味・好奇心を引く「個性的な宿」

旅を思い出深いものにしたい人にとっては、無個性な宿よりも、何かひとつオリジナリティをもった宿のほうが魅力的に映るもの。もちろんリピーターからの支持率も高い。本書に登場した宿を例にとり、その個性の上手な生かし方を考えてみよう。

◎「スクリーン」長野県

ベルギービールと料理自慢の宿

ベルギービールに魅せられたオーナーの佐藤さんは、元ホテルシェフ。地元・福島の食材でビールに合う料理を次々に考案、お客さまにも好評だ。ベルギービールのおいしさを知ってもらおうと創作料理と組み合わせた企画イベントを行い、ビール好きの心をとらえている。

◎「美山粋仙庵」京都府

1日1組をもてなす築150年の古民家

手つかずの自然が残る、京都・美山町にある「美山粋仙庵」。築150年という古民家のもつ独特の風合いと、自分の田舎に戻ったようにくつろげる雰囲気が人気となっている。また、1日1組というゆとりのもてなしが、都市生活者にプライベート感を感じさせ、リピートの要因に。

◎「カントリーイン・キャンプ」長野県

親子で楽しめる体験教室と自然に触れる

オーナーの渡部さんが趣味の多彩さを生かし、木工・オカリナづくり・陶芸・そば打ちなどの体験教室を行っている。ログハウスの居住性を高めた館内、客室の天窓から臨む星空、野鳥の声といった自然を満喫できる雰囲気も大きな魅力となっている。大人も子どももものびのびと自由に過ごせる宿だ。

ホームページ&ブログの活用

お金を使わず情報発信するとともに宿への興味を促すための創意工夫を

手軽に「つながる」ような工夫を

情報収集するにおいて、「まずインターネットで調べる」という人が増えた現在、宿にとってもホームページは欠かせないツールです。自分で開設すればほとんどお金もかからず、シーズン前には更新し、プラン変更も簡単に告知できます。

宿の特色や雰囲気は視覚的に訴えたほうが興味を引くことから、食事、お風呂、客室、食事処、眺望などをはじめ、周辺の観光スポットや体験教室などのストック写真が役立つはず。宿の雰囲気を伝えるだけでなく、接客サービスにおけるコンセプトをわかりやすく紹介する、宿周辺の立地特性を説明するといった内容は文字情報として制限なく伝えることもできます。また、お客さまからの感想が届けば、貴重な「生の声」として紹介し、安心できる宿であることのアピールにもなるでしょう（感想をくれたお客さまの了解をとることを忘れずに）。

宿にどんな人物が携わっているのかも、お客さまにとっては重要な関心事。スナップ写真や、働いている姿の写真などもどこかに入れておくと親しみが湧きます。知り合いやターゲットとなる人たちが集まるようなサイトにリンクを張ってもらえるよう、積極的に働きかけていくことも大事。

また、ブログの開設もおすすめです。内容はごく気軽に読んでもらえるような、趣味や宿の仕事に対する「思い」、面白い出来事、お客さまとのやりとりなど読者の興味を喚起するものに。たまたまキーワードで引っかかったブログから宿の存在を知ってもらえることも多く、情報発信のきっかけになります。

解析ツールを使用してアクセス数アップ

ホームページをつくる際に利用したいのが、検

ホームページの作成

ホームページは自分で作成すればコストを削減することができる。作成ソフトはインターネットから無料で手に入れることもできるが、「ホームページビルダー」など有料ソフトは、初心者でも簡単に扱えるものが多い。HTMLタブや転送方法など専門知識が必要で、覚えるまでに時間はかかるが、マニュアルなどを見ながらやれば難しいものではない。また、ブログ形式でホームページをつくれる作成ソフトもある。自分で使いやすいものを選ぼう。

索キーワード解析ツール。これを使うと、検索エンジンでどんなキーワードが、どれくらい検索されたか、どんな単語との組み合わせで検索されているのかまでわかります（その多くが無料で利用できます）。

たとえば「温泉」と「旅館」で調べてみると、「レンタカー」「ツアー」「日帰り」「観光」などの言葉と組み合わせて検索される傾向にあります。つまり、ホームページをつくる際にこれらの言葉を組み入れれば、検索結果の上位にくることも可能ということです。ここに大きく労力を割く必要はありませんが、宿のコンセプトに合わせて、自分なりのキーワードを探してみてください。

また、作成したホームページのなかに、どんなキーワードがどれくらいの割合で含まれているかがわかる「SEO検索エンジン最適化キーワード出現頻度解析」というツールもあり、宿がターゲットとする人を効率的に狙い、アピールするのに役立ちます。

宿にとっては、いかにホームページを見てもらう機会を増やすかが認知度に大きくかかわってきます。ホームページをつくることだけでなくこうしたツールを使い、検索で上位に表示されるよう工夫をしていくことも必要です。

ブログでコミュニケーション＆情報発信

ホームページでは伝えきれない、日常的かつ個人的な情報を発したり、日記を通して多くの人と交流の場にもなるのがブログの利点。頻繁に更新する、新聞形式にする、写真をふんだんに使うなど、書き方や見せ方に工夫を加えることも、訪れる人を飽きさせないコツだ。

URL／http://emoky.at.webry.info/

「オルッサな日々」マチャン・マチャン
宿の仕事をしながら気づいた沖縄ならではの小さな自然観察など

女将として働くきよみさんが、日々起こる出来事や感じたことなどを写真とともに綴る。沖縄ならではの美しいビューポイントやおすすめスポット、宿の料理、ときには台風の話……といった内容がのんびりとした雰囲気で語られる。宿泊客のコメントなども多くあり、交流の場にもなっている。移住の夢を叶えた沖縄での暮らしを楽しみながら、宿の経営を行っている様子がひしひしと伝わってくる。

「カントリーダイアリー」カントリーイン・キャンプ
信州の豊かな自然をきれいな写真で伝える

宿のある長野県大町市周辺をはじめ、白馬村や安曇野などの自然豊かな写真は、オーナー・泰輔さんが撮影したもの。季節の移り変わり、ものづくり教室の様子などが、短く簡潔な文章と大きくきれいな画像で楽しめる。日常生活で発見した何気ない出来事や小さな生き物の暮らしぶり、家族の旅行写真などもあり、温かい雰囲気をうかがうことができる。このほかにも写真やイラストを投稿できる掲示板なども運営している。

URL／http://cicamp.exblog.jp/

エージェント契約

高い集客効率を実現するネットエージェント活用の実際を知る

どこのエージェントと契約するかは、宿のコンセプトやターゲット層によって変わってきます。たとえば、楽天トラベルは利用者数は多いものの、ビジネス目的での利用者が大きな割合を占め、一方レジャー利用での業界1位は、じゃらんnetです。また、シニア層をターゲットとするのであれば、シニア会員を多く擁する「ゆこゆこネット」というエージェントがあります（ただし、こちらは手数料が25・5％と高率）。

また、最近は携帯端末からの予約比率が上昇しています。若い年代をターゲットにしているのであれば、モバイルからの予約比率が高いエージェントと契約を結ぶなどの戦略も必要になってきます。

宿泊予約サイトを活用する際は、宿のコンセプトと照らし合わせ、採算性を考えたうえでエージェント契約を結ぶようにしましょう。

宿泊予約サイトで宿の存在を知り、宿のホー

ネットエージェントを使う

ＪＴＢなどの大手旅行代理店のほかにも、「楽天トラベル」「じゃらんｎｅｔ」「一休．ｃｏｍ」など、宿泊予約サイトは数多くあります。近年、こうしたサイトを利用するお客さまも増え、楽天トラベルでは２００６年度の予約数が２０００万泊を超えました（ビジネスホテルを含んだ数字）。

これらの宿泊予約サイト（エージェント）を利用することによって、より高い集客効率を狙うことができ、宿にとっては頼もしい存在となりえます。ただし、斡旋手数料として宿泊費の５～15％を支払わなければなりません。小規模経営の宿では、決して少ない負担ではありませんが、開業当初は知名度もない状況です。宿の存在を知ってもらうための方法としても、こうした宿泊予約サイトを利用してもよいでしょう。

エージェントの比較

手数料率をみると、6～8％に設定しているエージェントが多い。比較的低いのが「じゃらんnet」で、宿泊者が１人の場合は4％。ちなみに宿泊サイト最大手の「楽天トラベル」は7～9％。

モバイルからの予約比率が高いのは「ヨヤキュードットコム」で、50～60％。家族や小グループの利用が多い「トップツアー」もモバイル予約比率が20％を占め、楽天トラベル（10％強）やJTB（12・5％）よりも高率となっている。エージェントと契約する際は、そのほかにも会員数や利用者層、決済方法、ホテルと旅館の予約比率など、さまざまな項目を比較検討することが重要となる。

ムページを訪れるお客さまも多くいます。そこで、ホームページで予約をしてくれたお客さまには、宿泊予約サイトにはない特典をつけてもいいでしょう。「カントリーイン・キャンプ」(42ページ)のように、ホームページで直接予約した場合は宿泊料を割り引くといった方法があります。また、地元の特産品をプレゼントするなど、直接予約したお客さまにお得感を与える工夫が大切です。

ネットエージェント利用時の注意点

エージェントを利用する際に気をつけなければならない点があります。登録したエージェントのサイトで予約があったとき、宿のホームページの予約状況も更新することです。そうしないと、ダブルブッキングが起こってしまいます。ダブルブッキングは1度起こしただけでも、宿にとっては大きなダメージに。そのお客さまだけでなく、うわさや口コミで広まってしまえば、信頼を損なうことは避けられません。こうしたことが起こらないように、予約状況には気を配り、つねに最新のものに更新しておきましょう。

本書掲載の宿にエージェント契約の上手な利用法を学ぶ

宿名	集客方法	契約エージェントとその利用法
マチャン・マチャン(P.10)	ホームページ、ネットエージェント、旅行代理店	楽天トラベル、旅行代理店の南海国際旅行社とエージェント契約。旅行代理店では関西3空港利用、レンタカー付きプランといった格安ツアーも展開するが斡旋料はなし。取材対応もよくあり、「雑誌を見て」という人がいまのところ最も多い。直接の電話予約が8割を占める。
美山粋仙庵(P.34)	ホームページ	1日1組限定ということもあり、利用していたネットエージェントも止め、現在はホームページ中心。西日本ツーリストの「田舎交流たびプログラム」でキルティング体験教室を告知したが、斡旋料などはとくになし。雑誌などメディアの取材も多いことも大きく集客につながる。
広丞庵かのか(P.18)	ホームページ、ネットエージェント	じゃらんnet、一休.com、らくだ倶楽部と契約。ホームページ予約のお客さまも徐々に増え、割合としては半々くらい。ダブルブッキングなどのトラブルを防ぐために、残り1部屋の時点ですべて締め、ホームページ予約を最後に残すかたちに。リピーターからの電話予約も多い。
カントリーイン・キャンプ(P.42)	ホームページ、ネットエージェント	以前はネットエージェントの利用も行っていたが、数多く契約しているとダブルブッキングなどに気を配る必要が出てくるため、現在の契約はじゃらんnetのみに。ホームページからの予約が増え、「別のサイトで紹介されているのを見て」といった電話予約も多い。
タロカフェ・イン(P.50)	ホームページ、ネットエージェント	楽天トラベルとエージェント契約。お客さまは海外からの観光客が多いため、ホームページからの予約がほとんど。また京都のゲストハウスでは互いがリンクしあっていることも多く、ゲストハウスのみを集めた専用のサイトも多数存在。集客にネットのつながりを生かす。
スクリーン(P.82)	ホームページ、ネットエージェント	楽天トラベル、じゃらんnet、ぐるなびトラベルと契約。じゃらんnetの口コミランキングでは、2カ月連続で東北地方・夕食部門1位となるなど、口コミでの集客も大。オーナー自身がじゃらんnetの料理コンテストに応募するなどアピールを行っていることも高評価の要因。

著者紹介○バウンド

経済モノ、ビジネス関連、生活実用書などを得意とする、コンテンツ制作会社。企画立案から書店先まで、書籍の総合プロデュースを手がける。おもな作品に『お店やろうよ！シリーズ①〜⑳』『雑貨・ファッション小物を仕事にする』（以上、技術評論社）『フリーランス・個人事業の青色申告スタートブック』（ダイヤモンド社）『30代からの自分発見ノート』（河出書房新社）ほか。
http://www.bound-jp.com/

監修者紹介○咲楽（さくら）

高橋祐一と山田むねのりを中心に、「旅館を元気にする」「旅館の価値を高める」会社として、旅館経営のサポートや情報提供（ブログ）等を行っている。「旅館経営道場〜旅館経営の情報発信〜」
URL　http://ryokankeiei.blog114.fc2.com/

高橋祐一／外資系経営コンサルティング会社を経て、現在、企業再生ファンドにて旅館再生に取り組み中（旅館の経営改善支援）。温泉地を飛び回る旅館再生請負人／公認会計士。

山田むねのり／外資系経営コンサルティング会社にて、大手小売企業の建て直し、大手通信企業などへの業務改革・IT 企画に従事。MBA（経営学修士）。日本旅館を良くしたいという思いで旅館経営アドバイスを行っている。

監修者紹介○豊田健太郎（4章）

住宅や小規模な旅館・ホテルの新築、リフォームなどの設計・監理を行う一級建築士。2001年、豊田建築設計室を設立。スパ、リゾート施設、旅館などの企画提案から運営、水周りの計画、水中プログラム開発など、幅広く業務を行っている。

URL
http://home.att.ne.jp/sigma/architoyoda/

編集○小寺賢一、龍直子（バウンド）
秋山絵美（技術評論社）

装丁○中野岳人

本文デザイン○下家由実子

店舗イラスト○佐藤隆志

撮影○坂田隆／宮前祥子／G-KEN

編集・執筆協力○稲嶺恭子／石渡真由美
鷺島鈴香／皆川理絵
伊藤久美子

DTP○株式会社明昌堂

お店《みせ》やろうよ！⑮
はじめての「お宿」
オープンBOOK《ブック》

2008年 8月 1日　初版　第1刷発行
2019年 7月12日　初版　第5刷発行

著者○バウンド

発行者○片岡　巌

発行所○株式会社技術評論社
東京都新宿区市谷左内町21-13
電話　03-3513-6150　販売促進部
03-3513-6166　書籍編集部

印刷／製本○日経印刷株式会社

ISBN978-4-7741-3532-8　C2034
Printed in Japan